KLABYR WANDERSON CRISTOVÃO DE JESUS

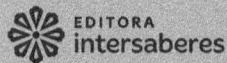

SÉRIE LÍNGUA PORTUGUESA EM FOCO

DIALÓGICA

O selo DIALÓGICA da Editora InterSaberes faz referência às publicações que privilegiam uma linguagem na qual o autor dialoga com o leitor por meio de recursos textuais e visuais, o que torna o conteúdo muito mais dinâmico. São livros que criam um ambiente de interação com o leitor – seu universo cultural, social e de elaboração de conhecimentos –, possibilitando um real processo de interlocução para que a comunicação se efetive.

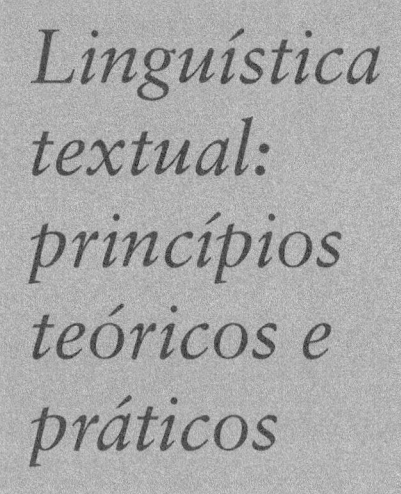

Linguística textual: princípios teóricos e práticos

Rua Clara Vendramin, 58 • Mossunguê • CEP 81200-170 • Curitiba • PR • Brasil
Fone: (41) 2106-4170 • www.intersaberes.com • editora@editoraintersaberes.com.br

Dr. Ivo José Both (presidente);
Dr.ª Elena Godoy; Dr. Neri dos Santos;
Dr. Ulf Gregor Baranow • conselho editorial

Lindsay Azambuja • editora-chefe

Ariadne Nunes Wenger • supervisora editorial

Ariel Martins • analista editorial

Ghazal Edições e Revisões • copidesque

Fabrícia E. de Souza • preparação de originais

Arte e Texto Edição e Revisão de Texto;
Letra & Língua; Viviane Fernanda Voltolini • edição de texto

Iná Trigo • design de capa

designerx, Ameena Matcha/Shutterstock • imagem de capa

Raphael Bernadelli • projeto gráfico

Carolina Perazzoli • diagramação

Iná Trigo; Sílvio Gabriel Spannenberg • equipe de design

Sandra Lopis da Silveira; Regina Claudia Cruz Prestes • iconografia

Dados Internacionais de Catalogação na Publicação (CIP)
(Câmara Brasileira do Livro, SP, Brasil)

Jesus, Klabyr Wanderson Cristovão de
  Linguística textual: princípios teóricos e práticos/
Klabyr Wanderson Cristovão de Jesus. Curitiba:
InterSaberes, 2019.
  (Série Língua Portuguesa em Foco)

  Bibliografia.
  ISBN 978-85-227-0132-2

  1. Linguística 2. Textos I. Título. II. Série.

19-29028   CDD-415

Índices para catálogo sistemático:
1. Linguística textual   415

Cibele Maria Dias – Bibliotecária – CRB-8/9427

1ª edição, 2019.

Foi feito o depósito legal.

Informamos que é de inteira responsabilidade do autor a emissão de conceitos.

Nenhuma parte desta publicação poderá ser reproduzida por qualquer meio ou forma sem a prévia autorização da Editora InterSaberes.

A violação dos direitos autorais é crime estabelecido na Lei n. 9.610/1998 e punido pelo art. 184 do Código Penal.

sumário

prefácio, ix

apresentação, xiii

Como aproveitar ao máximo este livro, xvi

- # um   Aspectos históricos, 19
- # dois   Percurso da linguística textual, 51
- # três   Evolução do conceito de *texto*, 101
- # quatro   Coesão e coerência, 145
- # cinco   Ambiguidade, humor, ironia: efeitos de sentidos, 191
- # seis   Análise de textos na perspectiva da linguística textual, 227

considerações finais, 269

referências, 273

bibliografia comentada, 281

respostas, 283

sobre o autor, 285

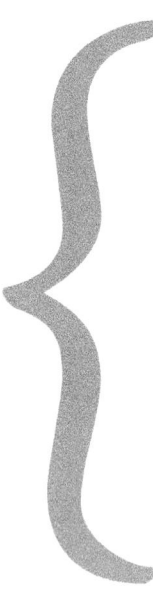

*Obra póstuma do professor
Klabyr Wanderson Cristovão de Jesus.*

prefácio

É COM IMENSA satisfação que faço o prefácio do livro *Linguística textual: princípios teóricos e práticos*, resultado do meticuloso trabalho de Klabyr Wanderson Cristovão de Jesus, a quem tive a honra de orientar na etapa do mestrado na Universidade Federal do Paraná (UFPR), aliás, meu primeiro mestre nessa instituição. Referência para seus alunos, tanto da educação básica quanto do ensino superior, este jovem professor infelizmente não está mais entre nós. Partiu cedo para quem tinha tantos projetos a implementar, mas deixou o legado de formação de adolescentes e jovens ao longo de sua carreira.

Este texto é parte do que fica materialmente e que foi construído na experiência docente do professor. Na elaboração, percebemos a inquietude própria de quem carregou em suas entranhas a familiaridade com a sala de aula: os aspectos teóricos encontram-se o tempo todo em diálogo com a dimensão analítica que lhes corresponde. Coerente com o lugar teórico no qual se inscreveu, Klabyr faz isso dialogicamente, projetando os sujeitos em formação, antevendo os possíveis lugares em que estes podem estar no âmbito do conhecimento e das formulações.

Nesta obra, o autor aborda um campo que apenas na década de 1960 tomou o texto como objeto teórico-analítico: a linguística textual. Em que pese esse trajeto relativamente curto, muito já se disse e já se pesquisou sobre esse entorno, sobretudo porque o texto é uma materialidade com a qual nos ocupamos desde sempre. Contudo, esta obra tem muito a oferecer, pelo cuidado na pesquisa às fontes, pela organização dos tópicos, pela feição didática e, conforme já afirmado, pelo caráter dialógico que, o tempo todo, coloca em cena o interlocutor.

A conversa não se limita a uma encenação que se fecha na fórmula dos vocativos; há um fluxo vivo ao longo do livro, com questões-teste, como se fosse o ambiente da sala de aula. Vale destacar, também, a presença protagonista dos textos. Esse aspecto mostra-se de importância capital, uma vez que a teoria do texto se notabiliza por propor o olhar para além da análise transfrástica, o que implica expectativa de coerência de parte daqueles que se propõem a trabalhar com essa teoria. Este livro de Klabyr corresponde afirmativamente ao esperado: além de constarem na integralidade, os textos selecionados são atuais e de diversos gêneros, com temas próximos à realidade do leitor. Em um gesto de ousadia, responsabiliza-se pelo dizer quando assume o que não é uma análise de textos para a linguística textual, mais o cotejo com a crítica a partir de outros olhares.

A qualidade do material reside também no fato de seu autor propor efetivo entrelaçamento entre os aspectos linguísticos e seu funcionamento, com vistas à produção do sentido na instância do texto, considerando a dimensão pragmática, os aspectos interacionais e discursivos, enfim, o todo inerente à trama textual. Em suma, um material para ler, estudar, interagir e aprender.

    Profª Drª Gesualda dos Santos Rasia
    Universidade Federal do Paraná (UFPR)

apresentação

❰ A HISTÓRIA PESSOAL de cada um de nós mostra facilmente que as transformações pelas quais passamos no decorrer de nossas vidas nos tornam quem somos. Portanto, aquelas pelas quais passaremos, certamente, garantirão, no futuro, uma condição diferente da que temos hoje.

Uma disciplina científica, guardadas as proporções, é igual. São as descobertas no trajeto histórico que a caracterizam, que dão forma a ela, que estabelecem fronteiras, que indicam metodologias e procedimentos que o pesquisador deve seguir. É comum que, na gênese (origem) de uma disciplina, um objeto de estudo tome o centro das pesquisas, mas, posteriormente, por não atender mais às necessidades teóricas, seja substituído e, por causa disso, mudem todas as práticas de pesquisa.

Com a linguística textual como área de conhecimento científico foi exatamente assim. Apesar de ser uma ciência relativamente nova, surgida nos anos 1960, é possível enumerar as mudanças pelas quais ela passou e, sobretudo, destacar os motivos que impulsionaram tais alterações.

Então, conhecer os diferentes momentos da linguística textual, a maneira como seu objeto de estudo se constituiu, observar como os pesquisadores contribuíram para o desenvolvimento dessa ciência e como os métodos de pesquisa se alteraram, constatar a influência de outras áreas do conhecimento científico, enfim, saber mais detalhadamente todo o percurso histórico dessa disciplina permitirá compreender com maior clareza o aporte teórico que ela sustenta atualmente e, principalmente, quais práticas com textos ela ampara.

Nosso objetivo, neste livro, não é apenas apresentar o atual campo de estudos denominado *linguística textual*, mas, sobretudo, ofertar uma visão panorâmica acerca do que ela já foi, como e no que se transformou, o que é hoje, além de abrir caminhos para o que poderá ser a linguística textual como ciência de estudo do texto.

Para dar conta desse ousado objetivo, no **Capítulo 1**, apresentaremos concisamente a história da linguística textual de acordo com as contribuições dos principais pesquisadores brasileiros.

No **Capítulo 2**, aprofundaremos a reflexão histórica e descreveremos as três fases da linguística textual (análise transfrástica, gramática do texto e teorias do texto) para, enfim, chegar ao momento atual e apontar as contribuições das abordagens pragmática, cognitivista e interacionista.

No **Capítulo 3**, demonstraremos como os conceitos de *texto*, *discurso* e *gênero* foram moldando-se com a evolução das pesquisas, para, então, no **Capítulo 4**, explorar os conceitos de *coesão* e *coerência*.

No **Capítulo 5**, abordaremos algumas possibilidades de criação dos efeitos de ambiguidade, humor e ironia.

Por fim, no **Capítulo 6**, discutiremos os limites e as fronteiras de uma análise de texto na perspectiva da linguística textual.

Temos certeza de que as reflexões propostas darão a você, leitor, uma visão teórica e prática sobre o texto e os modos como tratá-lo. E, é claro, por se tratar de uma obra de caráter preliminar, esperamos motivá-lo a realizar outras leituras sobre o assunto.

Como aproveitar ao máximo este livro

Empregamos nesta obra recursos que visam enriquecer seu aprendizado, facilitar a compreensão dos conteúdos e tornar a leitura mais dinâmica. Conheça a seguir cada uma dessas ferramentas e saiba como elas estão distribuídas no decorrer deste livro para bem aproveitá-las.

Introdução do capítulo
Logo na abertura do capítulo, informamos os temas de estudo e os objetivos de aprendizagem que serão nele abrangidos, fazendo considerações preliminares sobre as temáticas em foco.

Preste atenção
Apresentamos informações complementares a respeito do assunto que está sendo tratado.

apenas uma amostra das possibilidades de trabalho com textos que fujam de uma abordagem enraizada na descrição e na prescrição de regras e modos.

Síntese

Neste capítulo, propusemos uma reflexão sobre o conceito de *análise de texto* na perspectiva da linguística textual. Ao colocar o texto como o objeto central da análise, postulamos que qualquer procedimento que não considere o texto em seu aspecto global não pode ser nomeado como uma análise de texto. No entanto, essa opção não é tão simples, pois, na nossa cultura, por muito tempo, predominaram análises que consideravam apenas os aspectos gramaticais, ou seja, usavam o texto como um campo de exploração de exemplos de aplicação das regras gramaticais.

Em momento algum, no entanto, desconsideramos o importante papel da gramática; apenas trouxemos para a discussão outros elementos. Para isso, apresentamos os conceitos de *análise de texto* (ou *análise linguística*) de pesquisadores renomados nesse campo de conhecimento.

Na sequência, problematizamos a análise de texto no ambiente da escola, sobretudo como os documentos oficiais norteadores tratam a questão. Por fim, apresentamos, como opções de consulta, tomadas de diferentes fontes, listas de elementos que podem ser considerados em uma análise de texto.

> **Síntese**
> Ao final de cada capítulo, relacionamos as principais informações nele abordadas a fim de que você avalie as conclusões a que chegou, confirmando-as ou redefinindo-as.

Atividades de autoavaliação

1. Classifique as afirmativas a seguir como verdadeiras (V) ou falsas (F).
 - O aspecto global do texto deve ser o centro de toda e qualquer análise textual.
 - Realizamos análise de textos intuitivamente nas mais variadas situações cotidianas.
 - Estabelecer limites e fronteiras para a análise de texto é procedimento simples; basta elencar algumas categorias de análise e aplicá-las.
 - Os limites e as fronteiras das análises de textos são construídos no próprio processo de interação.

 Agora, assinale a alternativa que corresponde à sequência correta:
 - V, V, V, V.
 - V, V, F, V.
 - F, V, V, F.
 - F, V, F, V.
 - V, V, F, F.

2. Assinale a afirmativa correta:
 - Os recursos disponibilizados pela gramática não têm função alguma para a análise de textos.
 - Os sentidos do texto são, prioritariamente, alcançados por meio dos estudos das partes do texto.
 - Segmentar os textos em unidades menores e analisá-las isoladamente é a melhor fórmula para compreender o sentido global do texto.

> **Atividades de autoavaliação**
> Apresentamos estas questões objetivas para que você verifique o grau de assimilação dos conceitos examinados, motivando-se a progredir em seus estudos.

Atividades de aprendizagem
Aqui apresentamos questões que aproximam conhecimentos teóricos e práticos a fim de que você analise criticamente determinado assunto.

Bibliografia comentada
Nesta seção, comentamos algumas obras de referência para o estudo dos temas examinados ao longo do livro.

um Aspectos históricos
dois Percurso da linguística textual
três Evolução do conceito de *texto*
quatro Coesão e coerência
cinco Ambiguidade, humor, ironia: efeitos de sentidos
seis Análise de textos na perspectiva da linguística textual

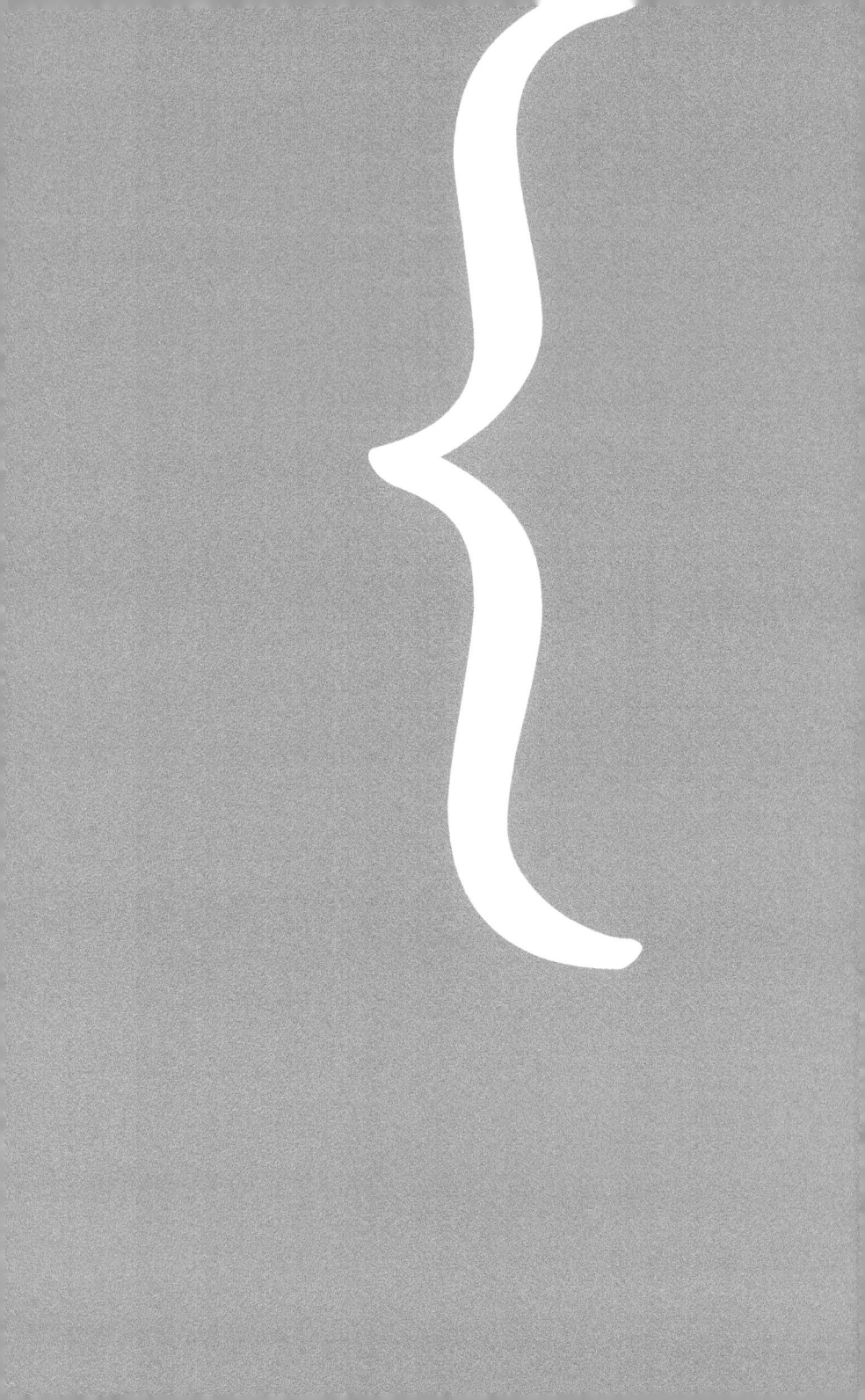

⁌ NESTE CAPÍTULO, apresentaremos, resumidamente, a história da linguística textual desde a sua origem, motivada pela ampliação do objeto de pesquisa (frase). Analisaremos o termo *competência textual dos leitores*, a relação com as teorias pragmáticas e cognitivas e também como se formaram as teorias dos gêneros de texto. Por fim, abordaremos alguns expoentes das pesquisas brasileiras em linguística textual.

umpontoum
História da linguística textual

A história da linguística textual começou no século XX, quando predominava, nos estudos da linguagem, uma **abordagem estruturalista**, ou seja, a língua era vista como um sistema, como um código, e a unidade de análise era a frase. Para Ferdinand de Saussure (1857-1913), habitualmente chamado de *Pai da Linguística Moderna*, autor de *Curso de linguística geral* (1975) e referência nos estudos estruturalistas da linguagem, naquele contexto, a língua era um sistema de signos articulado e homogêneo submetido às regras estabelecidas dentro do próprio sistema. Saussure, então, mencionou o caráter imanente da língua, que "**deve ser estudada em si mesma e por si mesma**. É o que chamamos *estudo imanente da língua*, o que significa dizer que toda preocupação extralinguística deve ser abandonada, uma vez que a estrutura da língua deve ser descrita apenas a partir de suas relações internas" (Costa, 2008, p. 115, grifo do original).

> Preste atenção!
>
> **Contexto** – circunstâncias em que um texto se manifesta.
> **Signo** – expressão empregada por Saussure para fazer referência a um elemento linguístico que apresenta dois aspectos: significado (conteúdo) e significante (som).

Podemos dizer, então, que foi com base nessas considerações que a língua passou a ser compreendida em sua totalidade, já que se tratava de um sistema regular; as irregularidades não eram consideradas parte do sistema, porque, conforme acreditava-se, ocorriam apenas nas relações externas, logo, não faziam parte da língua.

Para compreender melhor, mesmo que de forma abrangente, observe a frase:

> A mulher gosta de livros.

Os estudos estruturalistas saussureanos postulariam que as palavras dessa frase que você leu são **signos** e que cada um deles é formado por um **significante** (imagem sonora) e um **significado** (conceito). Esses signos estão dispostos em modelos variados de uso (paradigmas) que se organizam em determinada seleção (sintagmas). Os pesquisadores dessa linha reconheceram que os signos, em dado recorte histórico (sincronia), têm uma característica que pode sofrer alterações com o decorrer do tempo (diacronia). Portanto, a língua era vista como um sistema de códigos, com regras internas (Saussure, 1975).

Perceba, então, que os estudos estavam centrados somente na frase. Foge totalmente dessa linha de raciocínio a hipótese de que a frase citada possa constituir uma ironia, por exemplo, pois apenas o contexto comunicativo (fora dos limites da frase) possibilitaria tal leitura.

Nos anos 1960 apareceram pesquisadores que, pela primeira vez, investigaram os textos sob outras perspectivas, não mais aquelas exclusivamente destinadas à análise das frases. Segundo Fávero e Koch (2008), os grupos mais representativos de pesquisas são os de Wesfalia, Münster, Colônia, Contança, Hamburgo e Bielefeld. Entre os pesquisadores, destacam-se: Heidolph, Hartung, Isenberg, Thümmel, Hartmann, Harweg, Petöfi, Dressler, Van Dijk, Schmidt, Kummer e Wunderlich.

Na França, por exemplo, surgiu a **análise do discurso**, que vê nos estudos da linguagem uma potente ferramenta para o estudo da ideologia. Na segunda metade dessa mesma década (1960), originou-se, na Alemanha, uma nova área de pesquisa: a **linguística textual**, que tem o texto como objeto de análise. Embora a expressão *linguística textual* tenha sido empregada por Cosériu (1955), é consenso entre os estudiosos da área (Fávero; Koch, 2008; Bentes, 2006) que foi Weinrich (1966) quem a empregou pela primeira vez para se referir à **ciência da estrutura e do funcionamento do texto**.

É muito importante atentarmos para o fato de que foi a mudança do objeto de pesquisa – do interior da frase para a relação entre as frases – que deu origem à nova área de estudos: linguística textual. Porém, não houve de imediato uma exploração do texto como tal; ocorreu apenas uma ampliação da frase para outras frases, isto é, no primeiro momento, predominavam os estudos sobre a relação de interdependência entre frases. Observe:

> Ela comprou um exemplar.

Antes de prosseguirmos nossa explanação, propomos que você reflita sobre como explicaria quem é o referente das expressões *ela* e *um exemplar*. Quem é *ela*? E *um exemplar* de quê?

A leitura dessa frase possivelmente deixa algumas lacunas. Isso gera dúvidas e, consequentemente, a impossibilidade de construirmos uma resposta. É exatamente essa dificuldade que levou os pesquisadores a buscar resposta fora do nível da frase. Na prática, isso quer dizer que os estudiosos, para explicar uma frase como a apresentada anteriormente, não se limitavam às explanações sobre os sintagmas e as possibilidades de combinação dentro da frase; ao contrário, foram forçados a buscar, entre as frases, relações lógicas que elucidassem, por exemplo, o referente das palavras *ela* e *exemplar*.

Imaginemos, agora, que o conteúdo do enunciado aparecesse organizado nas duas frases que seguem:

> A mulher gosta de livros. Ela comprou um exemplar.

Provavelmente, nesse novo enunciado, você não teria dificuldade, assim como os pesquisadores da época, em afirmar que as expressões *ela* e *um exemplar* fazem referência, respectivamente, a *mulher* e *livros*, presentes na frase anterior. As pesquisas, como podemos constatar, não alcançaram o texto como um todo, apenas ampliaram os limites da frase para a relação entre as frases, não é mesmo?

Segundo essa mesma linha de raciocínio, observe as frases a seguir:

> A mulher gosta de livros. Ela comprou um exemplar. O objeto veio danificado.

Em um conjunto de frases como esse, os pesquisadores da época, mais uma vez, foram levados a notar que o interior da frase não era suficiente o bastante para explicar vários fenômenos linguísticos. Além da referenciação, já explorada anteriormente (retomada da expressão *a mulher* e *livros* por, respectivamente, *ela* e *um exemplar*), podemos observar que esse fenômeno (referenciação) ultrapassa o limite de duas frases, atingindo, como podemos inferir, vários pontos do texto.

A expressão *o objeto*, por exemplo, retoma *um exemplar*, que, por sua vez, já havia retomado *um livro*; trata-se da multirreferenciação. Esse fenômeno, por si só, já garantiria a relevância das pesquisas que ultrapassassem as fronteiras frasais, no entanto, constatou-se ainda algo muito interessante.

Para compreendermos esse acréscimo, vamos analisar isoladamente apenas a última frase:

> O objeto veio danificado.

Como você interpretaria a expressão *o objeto*? Em outras palavras, o que veio com defeito? Pois bem, supomos que você não teria como responder a essa questão sem levar em consideração as frases anteriores ou presenciar a cena em que a frase foi produzida, não é mesmo?

Isso mostra que, em uma perspectiva textual, a referenciação não é apenas a substituição pura e simples de um elemento por outro, mas, sobretudo, uma estratégia de produção da imagem do referente, isto é, a relação estabelecida entre os elementos referenciados contribui para que o leitor/ouvinte vá construindo, ao longo do texto, a imagem do *objeto*.

Da mesma forma, o emprego do pronome indefinido *um*, que antecede *livro*, e, posteriormente, o emprego do pronome definido *o*, que antecede *objeto*, também só têm justificativa plausível na relação entre as frases, pois é a apresentação inicial do objeto como um elemento desconhecido pelo leitor/ouvinte que respalda a definição empregada na frase seguinte.

Os exemplos são inúmeros e não deixam de ser interessantes. No entanto, consideramos que o que apresentamos até aqui seja suficiente para entender que **o rompimento da barreira das frases**, apesar de não chegar ao texto ainda, foi o que deu origem à linguística textual. Esperamos também ter deixado claro que o caminho da análise era da frase para o texto, isto é, o que compõe o texto é uma frase bem-organizada em conjunto com outras frases bem organizadas. Nessa abordagem, partia-se da unidade menor para a maior, de forma que o sentido do texto estava na organização interna das frases e na relação que uma frase estabelecia com outras frases.

> A referenciação não é apenas a substituição pura e simples de um elemento por outro, mas, sobretudo, uma estratégia de produção da imagem do referente.

Isenberg (1970), linguista alemão da Academia de Ciências de Berlim, apresentou estudos sobre as relações de sentido que possivelmente podemos estabelecer entre as frases que, juntas, compõem uma sequência significativa. O pesquisador considera, portanto, o texto como uma **sequência de enunciados**.

Na mesma perspectiva, apontamos, ainda, os trabalhos de Harweg (1968), para quem o texto é uma sequência pronominal ininterrupta, isto é, são expressões que retomam outras expressões linguísticas, por ele denominadas *pronomes*, que caracterizam o texto como tal.

Tiveram grande relevância, naquele momento, os estudos sobre a **coesão** textual que, inclusive, abrangiam a **coerência**. Passou-se a considerar que as relações de sentido estabelecidas entre as frases é que garantiam lógica (sentido) ao texto.

Naquela mesma época, as pesquisas de Halliday e Hasan (1976) ganharam destaque à medida que postulavam que as relações coesivas eram responsáveis pela definição do caráter de texto. Para os autores, a *coesão* é um conceito semântico relativo às relações de sentido existentes entre as frases. Na prática, isso quer dizer que, para entender um elemento no texto, é necessário, antes, entender outro elemento.

Nesse ponto, vale ressaltar novamente: não é possível afirmar que se tratava de uma abordagem amplamente textual, haja vista que o texto não era explorado em sua complexidade; mas também, por outro lado, não é possível negar a relevância dessa abordagem, já que ela possibilitou evidenciar que havia algo a mais do que as relações entre as frases.

Vamos analisar mais um exemplo:

> A mulher gosta de livros; não comprou nenhum exemplar.

Propomos, então, outro teste para validar nossa explanação: Qual é a relação de sentido que se estabelece entre as duas frases apresentadas? Aditiva, adversativa, conclusiva? Qual elemento coesivo você empregaria entre elas?

Imaginamos que, ao contrário do primeiro, nesse teste você teve facilidade para responder que a relação que se estabelece entre as frases, mesmo sem a presença explícita do conectivo, é a adversativa (oposição) e que, portanto, você empregaria um conectivo que correspondesse a esse sentido, como *mas, porém, todavia, contudo*.

Isso mostra que os elementos coesivos não são responsáveis pela produção das relações de sentidos. Ao contrário do que se pensava, eles apenas manifestam (confirmam) um sentido já existente e que é facilmente reconhecido pelo leitor/ouvinte, como já dissemos, **sem a presença do conector na frase**. Essa facilidade para identificar a relação de sentido existente entre as frases levou os pesquisadores da época a perceber que os leitores/ouvintes têm determinadas competências responsáveis pelo estabelecimento dos sentidos, isto é, os sentidos não são produzidos única e exclusivamente na materialidade/concretude dos textos ou no registro físico do texto (escrito).

> ## Preste atenção!
>
> **Conector** – Palavra ou expressão usada para estabelecer uma relação de sentido entre partes de um texto.
>
> **Elemento coesivo** – Palavra ou expressão responsável pelo estabelecimento de relação lógica entre partes de um texto. As conjunções são exemplos de elementos coesivos.

Segundo Chomsky (1965), os falantes não apenas têm a competência de distinguir um texto coerente de um amontoado de frases, também conseguem parafrasear, resumir e perceber se um texto está completo ou não. Novamente, buscamos deixar explícito que o significado do texto, por isso, não está apenas na concretude do próprio texto.

Surgiu, assim, uma nova abordagem para os estudos do texto e, dessa vez, o texto passou verdadeiramente a assumir o papel central nos estudos. Houve uma inversão: o caminho não era mais da unidade da frase para o texto, mas, ao contrário, do texto para a frase. Vale lembrar que, conforme Lang (1971), apesar de o texto ser uma unidade mais elevada, ele não pode ser caracterizado pela soma das frases.

Predominam, nesse cenário, estudos sobre as competências do leitor/ouvinte que, depois de reconhecidas, justificam a elaboração das gramáticas textuais, que têm a incumbência de explicar fenômenos que os estudos acerca da frase não davam conta, como o que mencionamos anteriormente: capacidade de estabelecer relação entre as frases sem a presença de um conectivo (Fávero; Koch, 2008). Essas gramáticas textuais deveriam executar três tarefas:

1. determinar os elementos que fazem com que um texto seja um texto (o que faz com que um texto seja um texto);
2. levantar os critérios de delimitação de textos (extensão do texto);
3. diferenciar os tipos de texto (características específicas de textos).

De acordo com Marcuschi (1983), apesar de, pela primeira vez, haver a tentativa de postular o texto como objeto da linguística, ainda predominava a ideia de que o texto era uma unidade teórica formalmente construída (estável, uniforme e abstrata). Essa concepção estava fortemente atrelada ao postulado por Chomsky (1965) em sua gramática gerativa – ele considerava que havia um número limitado de regras por meio das quais os falantes, detentores de capacidades textuais, seriam capazes de formular um número ilimitado de frases gramaticais inéditas.

Em outras palavras, para garantir a compreensão dessa nova abordagem, os pesquisadores da época, tomando como modelo de análise a gramática gerativa, acreditavam que era possível catalogar todos os textos de determinada língua e, com base nisso, descrever um número limitado de regras. No entanto, como você pode pressupor, o projeto falhou pela impossibilidade de descrever um número tão elevado de textos. Por outro lado, essa nova abordagem deve ser reconhecida pela ampliação do objeto de estudo, agora dos **limites interfrásticos** (relação entre as frases) para o texto como a **unidade linguística mais elevada**.

Destacam-se, nesse contexto, as pesquisas de Charolles (1989), que postulavam três capacidades textuais do leitor/ouvinte:

de produzir e compreender textos; de transformar textos; de caracterizar textos.

> Ao abandonar a exaustiva e ambiciosa descrição dos textos e a preocupação com as competências textuais dos leitores/ouvintes idealizados, os estudiosos reuniram esforços para investigar o funcionamento dos textos em seus contextos de uso.

Observe o diálogo hipotético a seguir para ampliarmos nossa explanação:

> — Nossa! Você gosta tanto de livros, mas não comprou nenhum ainda.
> — Pois é...
> — Os preços estão irresistíveis!
> — Vontade não me falta, mas tenho consulta com meu terapeuta assim que sair daqui, e o assunto hoje é compulsão relativa a compras.

Vamos a mais um teste: primeiro, responda o que levou o segundo participante do diálogo a entender a primeira frase como um pedido de explicação sobre a não realização da compra de livros; depois, indique rapidamente o motivo que inviabilizou tal compra.

Pois bem, para responder à primeira parte do nosso teste, precisamos compreender que é a situação de comunicação (o contexto todo) que faz os interlocutores produzirem e receberem determinados sentidos. Não há manifestações linguísticas no texto que evidenciem a solicitação da justificativa, apesar disso, o interlocutor inferiu o pedido. É a mesma coisa que alguém dizer que está calor e o outro abrir as janelas. Não houve um pedido literal, mas, considerando a possibilidade de refrescar o ambiente com a abertura das janelas, o interlocutor toma uma atitude.

> Preste atenção!
>
> **Situação de comunicação** – Conjunto de circunstâncias nas quais determinado texto se manifesta.

Possivelmente, para responder à segunda parte do nosso teste, você apontou que a consulta com o terapeuta para tratar de um distúrbio relacionado a compras não permitiu que a pessoa adquirisse o livro, não é mesmo? Afinal, não é muito compreensível alguém ir buscar tratamento para determinada enfermidade, como a compulsão por compras, e apresentar conscientemente provas desse distúrbio.

Para os pesquisadores, nessa nova perspectiva da linguística textual, importa investigar qual a relação entre o texto (registro escrito) e o sentido que se estabelece. Isto é, os estudiosos passaram a considerar, além do contexto de produção (fatores pragmáticos), os modos individuais de produção e compreensão dos sentidos (fatores cognitivos).

Há, portanto, mais uma ampliação do objeto de pesquisa. Koch (2015) chama de *virada pragmática* esse momento em que as análises sintático-semânticas já não são mais suficientes para os pesquisadores explicarem fatores contextuais. Predominam, nessa nova abordagem, pesquisas embasadas na teoria dos atos de fala e na teoria da atividade verbal.

A grande contribuição da **pragmática**, a nosso ver, foi a tomada da língua no processo de funcionamento comunicativo como uma atividade e, consequentemente, o texto como um instrumento por meio do qual os sujeitos realizam suas intenções. A *pragmática*, de forma muito abrangente, pode ser definida como a ciência que estuda a linguagem em uso. De acordo com Pinto (2003), trata-se da ciência por meio da qual se pretende definir não apenas o que é a linguagem, mas analisá-la considerando os aspectos descartados pela linguística de Saussure, ou seja, as pessoas que falam e os conceitos da fala na sociedade e na comunicação. Portanto, a pragmática é um ramo da linguística que analisa a linguagem de acordo com o contexto de comunicação em sua complexidade.

No diálogo apresentado, os aspectos sintáticos e semânticos pouco colaborariam para a compreensão das intenções comunicativas dos participantes da interação, não é mesmo? Entender as razões pelas quais eles produzem tais textos parece fazer mais sentido nessa nova abordagem linguística.

Vale ressaltar, ainda, que as contribuições de outras disciplinas, como a Psicologia da Linguagem e a Filosofia da Linguagem, reafirmaram a visão de língua como uma atividade verbal humana.

> A pragmática, de forma muito abrangente, pode ser definida como a ciência que estuda a linguagem em uso.

Isenberg (1976), em suas pesquisas, demonstra que os aspectos pragmáticos influenciam de forma determinante os aspectos sintáticos e semânticos. É, portanto, a intenção do falante que determina a apresentação do texto.

Tomemos, mais uma vez, nosso último exemplo, o do diálogo hipotético, para elucidar a afirmação de Isenberg (1976) sobre a intenção dos falantes determinar a apresentação do texto. Nesse raciocínio, determinariam os moldes de apresentação do texto: a intenção de um dos interlocutores, que quer, mas não pode comprar livros, e a curiosidade do outro interlocutor de saber o motivo que não permitiu a compra.

Portanto, a perspectiva pragmática compreende a língua como uma ação verbal que, por ser orientada para os parceiros da comunicação, tem caráter social. Os textos são as realizações das ações verbais produzidas com base em escolhas, entre diversas possibilidades verbais, para alcançar o plano comunicativo. O texto deixou de ser analisado como uma estrutura acabada e passou a ser estudado no próprio processo comunicativo (Heinemann; Viehweger, 1991).

Outro trabalho igualmente importante, haja vista seu caráter inovador, foi desenvolvido por Van Dijk (1972), que não considerou apenas os aspectos sintático-semânticos para conceituar coerência, mas também os aspectos pragmáticos. Foi com base nisso que Charolles (1983) passou a propor a coerência como um **princípio de interpretabilidade**. Nesse sentido, as barreiras do texto passaram a ser extrapoladas, contemplado o conjunto de condições externas de elaboração, recepção e interpretação dos textos, que focam, sobretudo, as intenções comunicativas dos interlocutores.

Isso, na prática, reforça nossa ideia de que o diálogo hipotético anteriormente apresentado só seria possível em razão das condições em que foi produzido e recebido. Se, por exemplo, esse diálogo fosse realizado não por dois amigos, mas por uma mulher e uma vendedora (uma nova situação comunicativa), possivelmente teria outra conotação. Nesse caso, a pergunta de uma das interlocutoras não denotaria uma solicitação de justificativa, mas uma estratégia de venda, ao passo que a resposta da outra interlocutora, independentemente de ser verdadeira ou não, poderia ser vista como um modo de livrar-se da vendedora.

Essa abordagem pragmática levou os pesquisadores a perceber que, além do propósito comunicativo, havia também conhecimentos dos interlocutores que eram igualmente responsáveis pela produção e recepção de sentidos, isto é, conhecimentos e experiências que eram aplicados na elaboração e na recepção dos textos.

No diálogo, a intimidade entre os dois interlocutores permite a um saber os hábitos e gostos do outro, além de compartilharem o conhecimento sobre os modos de comportamento que devem ser adotados quando se é submetido a uma terapia de tratamento de compulsão. Afinal, seria muito pouco provável que uma das pessoas perguntasse, por exemplo, o que tem a ver a compra do livro com a ida ao terapeuta, e menos provável ainda se perguntasse qual é a relevância do assunto tratado na consulta referente à compra do livro.

O plano comunicativo de um dos interlocutores de justificar a não realização da compra dos livros é reconstituído pelo outro interlocutor. Da mesma forma, a pergunta de um deles é reconstituída pelo outro como a solicitação de uma justificativa em razão do conhecimento e das experiências de ambos.

Essa nova abordagem, predominante nos anos 1980, foi chamada por Koch (2015) de *virada cognitivista*. Os pesquisadores, nesse novo contexto, tomaram consciência de que os participantes de uma situação comunicativa ativam conhecimentos internos adquiridos em outras experiências comunicativas, ou seja, esses participantes, ao longo de suas trajetórias, nas mais diversas atividades sociais, vão armazenando na memória experiências de comunicação que, posteriormente, são reativadas em uma nova configuração comunicativa.

Koch (2015) aponta os estudos de Beaugrande e Dressler (1981) como marco inicial da **abordagem cognitivista**, pois, para os autores, o texto é caracterizado por uma multiplicidade de operações cognitivas. A autora brasileira ainda destaca o trabalho de Heinemann e Viehweger (1991), os quais, por sua vez, enumeram quatro grandes sistemas de conhecimentos utilizados no processamento textual:

1. **Conhecimento linguístico** – Está ligado à organização linguística do texto e trata de questões como uso dos elementos coesivos, escolha lexical, articulação entre som e sentido.
2. **Conhecimento enciclopédico** – Refere-se ao repertório (bagagem) adquirido em situações diversificadas e armazenado na memória.
3. **Conhecimento interacional** – Diz respeito ao conhecimento armazenado sobre as formas de interação por meio da linguagem e divide-se em três: ilocucional (responsável

pela identificação da intencionalidade do texto), comunicacional (responsável pela seleção das informações) e metacomunicativo (diz respeito à estratégia de solução de problemas na comunicação, como paráfrases, uso de parênteses etc.).
4. **Conhecimento ligado aos modelos textuais globais** – É responsável pelo reconhecimento de determinado gênero ou tipo de texto.

Neste momento introdutório de nossos estudos, é muito importante entender que a abordagem cognitivista inovou ao postular que, em dada situação de interação, os participantes, detentores de um projeto comunicativo reativam conhecimentos armazenados anteriormente (adquiridos em outras experiências comunicativas), não apenas para captar o significado e reconstruí-lo, tentando identificar um significado original, como uma única possibilidade de interpretação, mas, em oposição a isso, de uma forma participativa, ativa, presente e contínua, para construir o significado que seus conhecimentos permitem.

Há, portanto, uma atribuição de responsabilidade aos processamentos cerebrais pela produção e pela recepção dos sentidos, sem, contudo, considerar os aspectos sociais e culturais como uma atividade interna e isolada. Essa constatação, embasada em uma perspectiva interacionista, mais uma vez mudou o rumo da linguística textual. Passou-se a reconhecer que os processos mentais, apesar de ocorrerem internamente, dentro da cabeça do indivíduo, estão relacionados a fatores externos; são resultado da interação de várias ações anteriormente vivenciadas. No entanto, ao contrário do que esse raciocínio pode sugerir, a comunicação não se efetiva na soma de processamentos individuais, mas sim da interação entre eles.

Essa nova abordagem, que predomina ainda hoje, assume a linguagem como uma atividade interativa, o texto como o próprio lugar da interação e os interlocutores como sujeitos ativos que constituem e são constituídos no próprio ato da interação.

umpontodois
Contribuições dos pesquisadores brasileiros

Apesar de pouca referência ao autor, a primeira contribuição relevante brasileira para o desenvolvimento da linguística textual ocorreu em 1981, por meio da publicação, na revista *Letras de Hoje*, do trabalho *Por uma gramática textual*, do Prof. Dr. Ignácio Antônio Neis (1981).

As contribuições iniciais de Neis (1981) aconteceram por meio da descrição, no referido artigo, de um amplo panorama da gramática textual e do estabelecimento de seu objeto de estudo. Em quatro partes, o autor aborda pesquisas sobre problemas do discurso e da narrativa, traça uma pequena apresentação sobre a evolução da linguística, levantando os motivos para a tomada do texto como objeto de estudo e da coerência como um princípio para a elaboração das gramáticas textuais.

> Constatando a existência de relações específicas interfrasais e a possibilidade de se definir um texto como um todo coerente, um grande número de linguistas modernos europeus, desde o fim da década de 1960, passaram a formular hipóteses e a estabelecer princípios de novos modelos de descrição linguística que ultrapassem o âmbito da frase; e procuraram elaborar gramáticas que deem conta dos problemas de coerência textual e que sejam adequadas tanto para caracterizar os diversos aspectos dos diferentes tipos de textos quanto para engendrar modelos de produção de textos bem formados de acordo com determinada língua. (Neis, 1981, p. 21)

De acordo com os estudos de Van Dijk (1972), Neis (1981) aponta a **gramática gerativo-transformacional** como base teórica e metodológica para transposição da gramática frasal para a gramática textual.

Posteriormente, conforme Schmidt (1978), Neis (1981) evidencia as contribuições da pragmática e indica as principais categorias abordadas naquele momento, entre elas: emissor e receptor; tempo e lugar, atrelados à enunciação como uma possibilidade de análise dos advérbios, dos tempos gramaticais e dos termos dêiticos; diferentes tipos de enunciações ou atos ilocucionários; e diferentes tipos de discursos.

Para nós, a principal contribuição de Neis (1981) foi marcar, no cenário acadêmico brasileiro, a influência das gramáticas estruturais e gerativas, bem como assinalar o papel da pragmática na configuração da gramática do texto.

A segunda contribuição significativa desenvolvida no Brasil foi o trabalho *Linguística de texto: o que é e como se faz*, de Luiz Antônio Marcuschi (1983). Nesse trabalho, após apresentar várias concepções de texto, entre elas a de Harweg (1968) e Bellert (1970), Marcuschi (1983, p. 30) fundamenta-se em Beaugrande e Dressler (1981) e postula que "o texto é o resultado atual das operações que controlam e regulam as unidades morfológicas, as sentenças e os sentidos durante o emprego dos sistemas linguísticos numa ocorrência comunicativa". Para o autor, nessa perspectiva de texto, a linguística se caracterizaria como o "estudo das operações linguísticas e cognitivas reguladoras e controladoras da produção, construção, funcionamento e recepção de textos escritos ou orais" (Marcuschi, 1983, p. 12).

Um ponto importante desse estudo é a apresentação de um esquema geral provisório das categorias textuais: fatores de contextualização; fatores de conexão sequencial (coesão); fatores de conexão conceitual-cognitiva (coerência); e fatores de conexão pragmática.

Outro marco significativo das contribuições iniciais para o estabelecimento da linguística textual no Brasil foi o livro *Linguística textual: introdução*, de Leonor Lopes Fávero e Ingedore Villaça Koch (2008), em que as autoras objetivam apresentar um panorama do novo ramo da ciência da linguagem, a linguística textual. Em três capítulos, elas explicitam as razões do nascimento das gramáticas textuais e os diferentes conceitos de *texto*; apontam os pesquisadores precursores dos estudos que ultrapassavam os limites do enunciado; fazem uma resenha informativa de autores que se ocupavam das propriedades específicas dos textos, entre eles, Halliday, Ducrot e Weinrich, e de autores ligados à construção das gramáticas textuais, como Isenberg, Dressler e Van Dijk.

No artigo "O desenvolvimento da linguística textual no Brasil", Koch (1999) apresenta, de forma pontual e linear, a trajetória da linguística textual no país. O primeiro momento foi caracterizado, principalmente, pela exploração dos critérios ou padrões de textualidade propostos por Beaugrande e Dressler (1981), dos quais a autora dispensa atenção especial à coesão e à coerência. No entanto, a coesão textual normalmente é abordada pela autora com base nos estudos de Halliday e Hasan (1976).

Ainda segundo Koch (1999), foi a partir de 1985 que proliferaram, em anais de congressos e revistas especializadas, pesquisas sobre os vários fatores ou critérios de textualidade, além de estudos sobre o emprego dos tempos verbais, fundamentados na teoria de Weinrich (1964, 1966, 1976), e estudos sobre as tipologias textuais, apoiados, sobretudo, na teoria de Van Dijk (1980).

Para nós, a contribuição brasileira significativa desse período é o fato de os pesquisadores brasileiros, entre eles, Marcuschi (1983), Koch (1984) e Fávero (1985), postularem a coerência como o fator resultante da atuação de todos os outros. Isto é, para eles, a coerência deixaria de ser um fator dentre os outros, ficando em uma posição superior em uma escala hierárquica.

Posteriormente, conforme Koch (1999), uma nova fase iniciou-se, caracterizada pela exploração dos aspectos coesivos que consideram fundamentalmente as funções textuais. Nesse contexto, Koch (1999) ainda divide os recursos coesivos em dois grupos: o primeiro composto pelos elementos responsáveis pela remissão a outros elementos textuais ou inferíveis (coesão remissiva ou referencial); o segundo composto por aqueles elementos responsáveis pela progressão do texto (coesão sequencial).

Koch (1999) ainda pontua que, desde a década de 1990, duas abordagens têm se destacado. A primeira foi fortemente influenciada por uma perspectiva sociointeracionista e, como consequência, foca nos estudos dos processos e estratégias sociocognitivos no processamento textual. A segunda, influenciada por teorias que estudam os gêneros textuais, prioriza as questões acerca da tipologia textual.

A autora finaliza a trajetória da linguística textual no Brasil com a sinalização da importância das pesquisas sobre os textos falados.

Síntese

Neste capítulo introdutório, apresentamos resumidamente o trajeto histórico da área de pesquisa denominada *linguística textual*. Sua origem, como observamos, foi motivada pela ampliação do objeto de pesquisa, isto é, pela transposição dos limites da frase sem, no entanto, compreender o texto como um todo. É lógico, portanto, que o estudo das relações entre as frases predominava. A coesão tomava o centro das pesquisas.

Não é possível dizer que houve uma linha cronológica entre as fases, até porque algumas aconteceram simultaneamente; importa-nos conferir que outra configuração para a linguística textual foi concretizando-se com a consciência da participação dos leitores no processo de construção dos textos, chamada de *competência textual dos leitores*.

Nessa nova configuração, predominaram os estudos voltados para a produção de gramáticas textuais, mas esse projeto falhou pela impossibilidade de descrever todas as formas de texto. A linguística textual, mais uma vez, reconfigurou-se ao debruçar esforços para explicar o que é um texto, isto é, seu objetivo não era mais descrever o texto, mas os fatores que fazem de um amontoado de frases algo passível de ser compreendido como tal.

Depois, os estudiosos da linguística textual, ao perceber a inegável influência da situação comunicativa e dos processamentos individuais de produção e compreensão dos sentidos, estabeleceram parceria com as teorias pragmáticas e cognitivas. Portanto, a configuração atual é fortemente influenciada pelas teorias dos gêneros de texto ao reconhecer o caráter social das produções escritas.

Em razão dessa trajetória, a linguística textual caracteriza-se como uma área interdisciplinar, pois, além das relações enumeradas aqui, também há fortes vínculos com a análise do discurso, a linguística aplicada, a sociolinguística, entre outras.

Para finalizar o capítulo, apresentamos, sinteticamente, o trajeto da linguística textual no Brasil por meio das contribuições de pesquisadores brasileiros.

Atividades de autoavaliação

1. Com base nas informações apresentadas neste capítulo, é correto afirmar que a linguística textual teve sua origem no:
   a. reconhecimento do contexto de comunicativo (pragmático) como elemento responsável pela compreensão dos textos.
   b. rompimento das barreiras das frases e no reconhecimento de relação entre elas.
   c. rompimento das barreiras das frases motivado pelo reconhecimento da participação dos processos cerebrais (cognição) na produção e na recepção dos sentidos.
   d. reconhecimento das competências dos falantes como elemento fundamental para a produção e a compreensão de textos.
   e. rompimento das barreiras das frases, ainda que não houvesse reconhecimento de relação entre elas.

2. Classifique as afirmativas a seguir como verdadeiras (V) ou falsas (F).
   ( ) A linguística textual rompe com o estruturalismo de Saussure, pois a análise daquela ultrapassa os limites da frase.
   ( ) A linguística textual teve origem na década de 1960, principalmente na Alemanha.
   ( ) Apesar das contribuições de várias outras áreas do conhecimento, a linguística textual não apresenta um caráter multidisciplinar.
   ( ) É possível afirmar que há uma linguística textual genuinamente brasileira.

Agora, assinale a alternativa que corresponde à sequência correta:
a. V, V, F, V.
b. F, V, F, V.
c. F, F, V, V.
d. V, V, F, F.
e. V, F, V, F.

3. Analise os itens a seguir e identifique aqueles que apontam fenômenos linguísticos responsáveis pela reconfiguração do objeto de pesquisa da linguística textual.

I. Transposição dos limites da frase para a relação entre as frases – rompimento com o estruturalismo.
II. Análise interna da frase – estabelecimento dos conceitos de *significante* e *significado*.
III. Reconhecimento da participação ativa dos interlocutores na produção e na recepção dos sentidos – competências do leitor/ouvinte.
IV. Forte influência da gramática gerativa de Chomsky – um número limitado de regras possibilita a criação de um número ilimitado de frases gramaticalmente aceitas.
V. Influência do contexto pragmático e do conhecimento cognitivo – fatores de textualidade.

Agora, assinale a alternativa que apresenta somente os itens verdadeiros:
a. I, II, IV.
b. I e V.
c. I, IV, V.
d. II, III, IV.
e. I, III, V.

4. Analise as afirmativas a seguir sobre a virada pragmática.

I. Os elementos sintático-semânticos constituem a base das análises, pois os fatores contextuais, de acordo com os pesquisadores, não têm relevância para a produção e a recepção dos sentidos.
II. A língua é vista como uma atividade (ação) no processo comunicativo.
III. O texto é um instrumento por meio do qual os sujeitos realizam suas intenções.
IV. Nos dias de hoje, o texto ainda é analisado como uma estrutura pronta e acabada.
V. Nessa fase, a coerência foi proposta como um princípio de interpretabilidade.

Agora, assinale a alternativa que apresenta somente os itens verdadeiros:

a. I, II, III.
b. II e III.
c. II, III, V.
d. III e V.
e. II, III, IV.

5. Sobre a linguística textual no Brasil, classifique as afirmativas a seguir como verdadeiras (V) ou falsas (F).

( ) A primeira contribuição relevante foi o trabalho *Por uma gramática textual*, do professor Ignácio Antônio Neis (1981).
( ) A segunda contribuição relevante foi o trabalho *Linguística de texto: o que é e como se faz*, do professor Luiz Antônio Carlos Marcuschi (1983).

( ) As autoras Fávero e Koch não fazem parte dos autores representativos dos estudos da linguística textual no Brasil.

( ) O trabalho *Por uma gramática textual*, do professor Ignácio Antônio Neis (1981), fez uma ampla exploração do estruturalismo no Brasil.

( ) Em seus estudos, Ingedore G. Villaça Koch apresentou três momentos da linguística textual no Brasil.

Agora, assinale a alternativa que corresponde à sequência correta:

a. V, V, F, F, V.
b. V, V, V, F, V.
c. F, V, F, V, F.
d. F, F, V, V, F.
e. V, F, F, F, V.

Atividades de aprendizagem

Questões para reflexão

1. Qual é a importância do caráter multidisciplinar da linguística textual?

2. Contemporaneamente, a linguagem é tida pelos estudiosos como uma atividade interativa, e o texto, como o próprio lugar da interação. Como você define o papel dos interlocutores no ato de interação? Por quê.

Atividades aplicadas: prática

1. Observe a frase a seguir:

   > A mulher não comprou o livro, ela não tinha dinheiro.

   a. Sob a perspectiva do emprego do pronome *ela*, comente como os estudiosos perceberam que a explicação para alguns elementos só poderia ser realizada fora do nível da frase.
   b. Diante da falta de conectivo entre as frases, explique como os estudiosos da linguagem perceberam o papel do leitor/ouvinte no processo de construção dos sentidos.
   c. Explique como as condições de comunicação e os modos de processamento individual influenciam a produção e a recepção dos sentidos.

2. Produza um pequeno texto que indique o trajeto evolutivo do objeto de pesquisa da linguística textual.

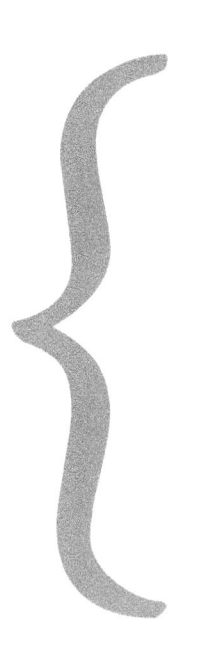

{

um	Aspectos históricos
# **dois**	**Percurso da linguística textual**
três	Evolução do conceito de *texto*
quatro	Coesão e coerência
cinco	Ambiguidade, humor, ironia: efeitos de sentidos
seis	Análise de textos na perspectiva da linguística textual

❡ DE MODO GERAL, as disciplinas nascem da necessidade intrínseca do ser humano de compreender os fenômenos que o cercam. Posteriormente, se a questão é relevante, os estudos avançam e as contribuições começam a delinear limites e a estabelecer princípios. As transformações sociais, históricas, tecnológicas, conceituais, enfim, todas elas, de algum modo, intervêm no processo de consolidação de uma disciplina.

No primeiro capítulo deste livro, introdutório por natureza, você conheceu alguns conceitos, observou os princípios e limites de algumas correntes teóricas, familiarizou-se com os nomes de alguns autores, experimentou práticas de análise, refletiu sobre as preocupações que motivavam as pesquisas, isto é, obteve um panorama da linguística textual.

Agora, para assegurar sua progressão reflexiva, mas sem repetir conteúdos desnecessariamente, vamos aprofundar as apresentações dos postulados da linguística textual. Por isso, neste capítulo, organizamos subseções com os grandes ciclos da linguística textual, mas lembre-se: não existe uma cronologia temporal exata para esse conteúdo, inclusive porque alguns ciclos aconteceram simultaneamente. Então, estabelecemos essa divisão apenas por uma questão metodológica.

doispontoum
Precursores da linguística textual

As autoras Fávero e Koch (2008), ao abordar os precursores da linguística textual, apresentam três linhas de pensamento: a antiga retórica, a estilística e os formalistas russos, as quais vamos analisar agora.

A **retórica** já fazia parte da cultura ateniense no século V a.C., mas foi somente no século IV a.C. que Aristóteles passou a se ocupar mais especificamente desse assunto. Embora o grego tenha feito uma proposta esquemática da arte da retórica contendo quatro partes (*inventio*, *dispositio*, *elocutio* e *actio*), no contexto romano, durante a Antiguidade Clássica, essa disciplina era dividida em cinco partes, tendo sido acrescentada a memória:

1. *Inventio* – Achar o que dizer.
2. *Dispositio* – Pôr em ordem (organizar) o que se encontrou para ser dito.
3. *Elocutio* – Acrescentar o ornamento das palavras, das figuras.
4. *Actio* – Tratamento do discurso como um ator: gestos, dicção.
5. **Memória** – Recorrer à memória.

De modo geral, podemos dizer que a retórica é uma técnica para, em uma situação discursiva, alcançar o objetivo desejado: convencer o interlocutor da causa ali defendida.

Ainda segundo Fávero e Koch (2008), a relação estabelecida entre a retórica e a linguística textual é visível sobretudo pela interferência de duas das cinco partes da retórica antiga:

1. *Elocutio* – "definição precisa de operações linguísticas subjacentes à produção do texto (microestrutura)" (Fávero; Koch, 2008, p. 29).
2. *Dispositio* – "localização do texto no processo global de comunicação (macroestrutura)" (Fávero; Koch, 2008, p. 29).

Por sua vez, a **estilística**, segunda precursora da linguística textual, foi a ciência na qual se estudava todas as relações superiores ao nível da frase. Contemporaneamente, a linguística textual deve disponibilizar à estilística

> A retórica é uma técnica para, em uma situação discursiva, alcançar o objetivo desejado: convencer o interlocutor da causa ali defendida.

elementos tanto pertencentes ao nível da frase quanto ao do texto, para explicar se determinada manifestação de linguagem é uma opção do autor ou uma exigência da gramática, entre outras (Fávero; Koch, 2008).

O terceiro precursor é o grupo de linguistas do Círculo Linguístico de Moscou, do qual fizeram parte Bakhtin, Todorov e Jakobson, o fundador do grupo. Conhecidos também como **formalistas russos**, esses foram os responsáveis pelo início dos estudos do discurso.

doispontodois
Fases da linguística textual

Entre os pesquisadores da linguagem, já é tradicional que a linguística seja estudada em três grandes ciclos, no entanto, nem todos os estudiosos da área entram em consenso acerca de uma cronologia para esses ciclos. Por exemplo, Conte (1971) não reconhece uma linha cronológica nessa divisão; por sua vez, Koch (1997) afirma que é impossível se eximir desse caráter temporal. Apesar dessa controvérsia, tornou-se comum considerar os três ciclos fundamentais na seguinte sequência: análise transfrástica, gramática do texto e teoria ou linguística do texto.

2.2.1 Primeira fase: análise transfrástica

A primeira fase da linguística textual é caracterizada, sobretudo, pelas análises transfrásticas, isto é, os estudiosos buscavam esclarecer os fenômenos linguísticos que as teorias sintáticas e semânticas (limitadas ao nível da frase) não conseguiam explicar, como o fenômeno da correferenciação, a relação de tempos verbais, o uso dos conectivos interfrasais, entre outros.

Perceba, então, que o texto não era o objeto central dos estudos. Os pesquisadores, por assim dizer, conduziam suas pesquisas segundo o percurso da frase em direção ao texto, ou seja, a frase era considerada uma unidade de composição do texto. Isso pode ser facilmente observado nos conceitos de *texto* que circulavam na época, como o de Harweg (1968), ao afirmar que o texto era uma sequência pronominal ininterrupta, ou o de Isenberg (1970), que dizia que o texto nada mais era do que uma sequência coerente de enunciados. Note, então, que, de modo geral, para os pesquisadores da época, eram basicamente a organização da frase e as relações estabelecidas entre elas que determinavam a existência e a qualidade do texto.

> *na análise transfrástica, parte-se da frase para o texto. Exatamente por estarem preocupados com as relações que se estabelecem entre as frases e os períodos, de forma que construa uma unidade de sentido, os estudiosos perceberam a existência de fenômenos que não conseguiam ser explicados pelas teorias sintáticas e/ou pelas teorias semânticas: o fenômeno da correferenciação, por exemplo, ultrapassa a fronteira da frase e só pode ser melhor compreendido no interior do texto.* (Bentes, 2006, p. 247)

A seguir, para que você possa observar como essas dúvidas teóricas foram surgindo, selecionamos trechos de textos atuais para simularmos as análises que eram realizadas nessa primeira fase.

> Diva Guimarães, professora aposentada de Educação Física, tem o olhar sereno, a voz pausada e gestos delicados. O sorriso é contido. O semblante fechado é uma forma de defesa que encontrou na juventude para se proteger do **preconceito**. [...]
> Negra e pobre, desde muito cedo aprendeu que os excluídos só sobrevivem com perseverança, garra e muita luta. O que ela não sabia é que, aos 77 anos, completados no dia em que concedeu entrevista a *Carta Capital*, sua história de vida e seus relatos iriam viralizar na internet e transformá-la em celebridade das redes sociais do dia para a noite.

FONTE: Ruschel, 2017, grifo nosso.

Vamos analisar esse trecho, apenas a título de exemplificação e sem a pretensão de esgotar todas as ocorrências:

- Preste atenção na relação anafórica entre termos localizados em frases diferentes, como o pronome pessoal *ela* e o pronome oblíquo *-la* para retomar *Diva Guimarães*.
- Observe também o constante emprego da elipse em trechos como "Ø tem o olhar sereno", "Ø encontrou na juventude", "desde de muito cedo Ø aprendeu", para também retomar Diva Guimarães.
- Veja, ainda, o emprego dos tempos verbais (presente e futuro) e o raro uso de conectores.

Ao considerar esses recursos textuais (anáfora, tempos verbais e conectores) sob uma perspectiva textual, os pesquisadores dessa fase se deparam com uma nova configuração. O recurso da anáfora deixa de ser uma estratégia de substituição de um elemento por outro, passando a se configurar como uma apresentação do que já foi dado para que, então, a ele sejam acrescidas novas informações. Logo, no trecho "O que ela não sabia", o pronome *ela* não retoma *Diva Guimarães* do início do texto apenas, mas a *Diva Guimarães* que já realizou as ações expressas inicialmente. Dessa forma, foi sinalizado que, entre outras coisas, ela tem conhecimento de que "os excluídos só sobrevivem com perseverança, garra e muita luta". Os estudiosos conscientizaram-se de que não se tratava de uma substituição pura e simples de elemento enunciado anteriormente, mas de uma retomada de um grupo inteiro de informações sobre o elemento já enunciado.

> Preste atenção!
>
> **Relação anafórica** – Retomada de um termo anteriormente apresentado.

Os conectores, também em uma perspectiva textual, além de unirem frases, têm um forte papel argumentativo, isto é, além de acrescentarem uma ideia a outra, direcionam o leitor para determinada linha argumentativa. Podemos observar que há uma análise que considera a relação entre as frases e os modos de retomadas de elementos anteriormente mencionados em outras frases.

Outro fator que igualmente mudou o rumo do pensamento dos estudiosos da linguística é o fato de que a ausência do conectivo não impossibilita o leitor de estabelecer a relação de sentido existente entre as frases. Os pesquisadores passaram a questionar o papel dos conectivos para o entendimento dos textos ao perceber que a presença desses elementos não era fundamental. Portanto, o leitor tem a capacidade de estabelecer as relações de sentido mesmo sem a presença do conectivo. Por exemplo, no trecho citado anteriormente, de caráter mais expositivo, dispensa-se o uso recorrente dos conectivos. Cabe ao leitor, por isso, estabelecer o sentido de acréscimo de uma informação a outra, a ponto de construir a imagem da mulher apresentada. Confira outro trecho do mesmo texto:

> "A agressão física, as chibatadas cicatrizam e adormecem. Mas a palavra não cicatriza. Fica incrustada na alma, tortura e não se apaga. Imagina isso na cabeça de uma criança de 5 anos, pobre e negra."

FONTE: Ruschel, 2017.

Nessa passagem, perceba que o conectivo *mas*, além de unir as frases, tem uma evidente função argumentativa, pois, à medida que introduz um fragmento, encaminha o leitor para o reconhecimento de uma relação de oposição entre as ideias apresentadas.

Observe, na adaptação a seguir, que a retirada do conectivo não impossibilita o estabelecimento da relação de adversidade:

> "A agressão física, as chibatadas cicatrizam e adormecem. Ø A palavra não cicatriza. Fica incrustada na alma, tortura e não se apaga. Imagina isso na cabeça de uma criança de 5 anos, pobre e negra."

Perceba que, apesar da ausência do conectivo *mas*, a forte relação de oposição que se estabelece entre a afirmação positiva do primeiro enunciado e a afirmação negativa do segundo constrói a força argumentativa do trecho do texto. Fizemos essa adaptação para deixar evidente que o leitor/ouvinte tem a capacidade de construir o significado global apenas com a observação das relações lógico-semânticas entre os enunciados.

Podemos afirmar, então, que os conectivos não asseguram uma unidade ao texto, pois o sentido também depende do conhecimento intuitivo do leitor/ouvinte. Ressaltamos que não foram os conectivos que alteraram sua função na organização do texto; a mudança ocorreu nos modos de análise deste.

Esses fenômenos linguísticos, justamente por ultrapassarem os limites das frases, constituíram a preocupação dos pesquisadores da primeira fase da linguística textual, o que colaborou para o surgimento de uma nova abordagem de estudos.

A fase inicial de análise dos mecanismos interfrásticos predominou, no século passado, no período compreendido entre a segunda metade da década de 1960 e o início da década de 1970. Nessa linha, destacaram-se pesquisadores como: Hartmann (1968), Harweg (1968), Isenberg (1971) e Bellert (1970), todos, de modo geral, por considerarem o texto com base na relação entre as frases, como sequências em que as frases se relacionam dependentemente umas das outras. Como não poderia deixar de ser, as pesquisas dispensavam atenção aos estudos dos recursos de coesão textual, que, inclusive, englobavam a coerência, isto é, o sentido lógico do texto estava atrelado à organização da frase e à relação dela com outras frases.

2.2.2 Segunda fase: gramática do texto

A possibilidade de os textos não apresentarem o fenômeno da correferenciação e a necessidade do conhecimento intuitivo do falante para a compreensão global do texto, entre outros fenômenos, levaram os pesquisadores a postular, pela primeira vez, o texto como objeto central da linguística (Marcuschi, 1999).

Mais do que um sistema de regras de composição e organização de frases, para os autores dessa fase, havia um sistema finito de regras, compartilhado pelos usuários de dada língua, que os capacitava a reconhecer um conjunto de frases como um texto, habilitava-os a resumir ou parafrasear textos, tornava-os aptos a reconhecer como completo ou incompleto um texto, dotava-os de condições para atribuir títulos, assegurava a eles a condição de reconhecer partes do texto e estabelecer relação entre elas. Por convenção, esse conjunto de habilidades passou a ser chamado de *competência textual do usuário* (Chomsky, 1965).

Para Charolles (1983), o falante apresenta três competências básicas:

1. **Competência formativa** – Como o próprio nome sugere, refere-se ao potencial do usuário para produzir e compreender um número irrestrito de textos, além da condição de avaliar como boa ou má a formação de um texto.
2. **Competência transformativa** – Diz respeito ao potencial do usuário para modificar ou transformar os textos de formas variadas (resumir, parafrasear, reformular), atribuir título, além de avaliar a qualidade dessas atividades.

3. **Competência qualificativa** – Refere-se ao potencial do usuário para identificar o tipo e o gênero de uma produção (dizer se é um artigo de opinião, piada ou conto, por exemplo), assim como para produzir um tipo ou um gênero de texto específico (carta, bilhete etc.).

Segundo Fávero e Koch (1983), foram essas competências textuais que justificaram a criação das gramáticas textuais, pois, se é um número limitado de regras que possibilita ao falante a produção de um número ilimitado de texto, então, a descrição desse número limitado de regras comporia uma gramática do texto.

Bentes (2006, p. 249) considera que "as primeiras gramáticas textuais representam um projeto de reconstrução do texto como um sistema uniforme, estável e abstrato".

Essa nova perspectiva garantiu o mérito de postular duas noções basilares acerca dos estudos relativos ao texto:

> A primeira é a verificação de que o texto constitui a unidade linguística mais elevada e se desdobra ou se subdivide a unidades menores, igualmente passíveis de classificação. As unidades menores (inclusive os elementos léxicos e gramaticais) devem sempre ser considerados a partir do respectivo papel na estruturação da unidade textual. A segunda noção básica constitui o complemento e a decorrência da primeira noção enunciada: não existe continuidade entre frase e texto, uma vez que se trata de entidades de ordem diferente e a significação do texto não constitui unicamente o somatório das partes que o compõe. (Galembeck, 2005, p. 71)

Dessa forma, as gramáticas textuais surgiram com o objetivo de:

a. Verificar o que faz com que um texto seja um texto, em outras palavras, determinar seus princípios de constituição, os fatores responsáveis pela sua coerência, as condições em que se manifesta a textualidade;
b. Levantar critérios para a delimitação de textos;
c. Diferenciar as várias espécies de texto. (Koch, 2015, p. 21)

Nessa fase, destacaram-se os estudos de Charolles (1983, 2002). Para o autor, o *status* de texto era garantido por alguns princípios que ele chamou de *metarregras*. Observe o fragmento a seguir:

> Utilizar o WhatsApp para melhorar a segurança do bairro também deu certo no Uberaba, onde 256 pessoas participam há três meses da iniciativa. Ali, o grupo foi criado pelo blogueiro Jeferson Salles, que tem uma página de notícias a respeito da região. "Eu percebi que a violência no bairro estava aumentando muito", afirmou. Então, aproveitou sua rede de contatos para juntar moradores e policiais em um grupo do aplicativo. "Foi uma tentativa para diminuir a incidência de furtos e roubos aqui".

FONTE: Derevecki, 2017.

Perceba que, nesse fragmento, por meio de uma leitura atenta, é possível observar que há uma retomada constante dos elementos apresentados, formando uma unidade. Como você tem toda condição de prever, a apresentação excessiva de elementos novos possivelmente não colaboraria para a manutenção da unidade temática. Esse é o primeiro princípio textual de Charolles (1983, 2002): **metarregra de repetição**.

Nesse fragmento, a metarregra de repetição pode ser observada por meio da retomada de alguns termos. Por exemplo, a palavra *bairro*, inicialmente apresentada, é retomada várias vezes ao longo do texto. Primeiramente, há **substituição lexical** pelo hipônimo *Uberaba*, depois pelo pronome relativo *onde*, também pelo advérbio de lugar *ali* e, ainda, pelo hiperônimo *região*.

> Preste atenção!
>
> **Hipônimo** – Palavra com sentido mais específico em relação a outra palavra. Por exemplo, *azul* e *verde* são hipônimos de *cores*.

Essa repetição de elementos pode ocorrer também por **pronominalização**. No fragmento anterior, novamente a título de exemplo, o nome do blogueiro, *Jeferson Salles*, é retomado pelo pronome relativo *que* e pelo pronome pessoal *eu*.

Outra estratégia de retomada são as **definitivações** ou **referenciações** dêiticas contextuais, isto é, a repetição de uma mesma palavra, como acontece com *bairro*, empregada inicialmente pelo escritor do texto e, posteriormente, apresentada na citação da fala de Jeferson Salles.

Ainda é possível fazer a retomada de elementos por meio da **recuperação pressuposicional** e das **retomadas por inferências**, ou seja, pela inferência de conteúdos semânticos não manifestos textualmente, mas que são facilmente recuperados na trama do texto. Para exemplificar, no fragmento há a omissão dos sujeitos dos verbos, como pode ser visto em "Ø afirmou" e "Ø aproveitou", que, como mencionamos antes, são facilmente recuperáveis.

> **Metarregra de repetição** – Para que uma sequência de enunciados seja considerada um texto, é necessário que ela constitua uma unidade, pois uma sequência que trate de um assunto diferente em cada enunciado dificilmente produzirá um efeito de sentido capaz de comunicar algo, portanto, é improvável que seja aceita como um texto. Então, para construir esse efeito de unidade, é essencial a retomada no decorrer do texto de elementos anteriormente apresentados. "Para que um texto seja microestruturalmente e macroestruturalmente coerente é preciso que contenha, no seu desenvolvimento linear, elementos de recorrência estrita" (Charolles, 2002, p. 49).

Como já destacamos, a apresentação excessiva de elementos novos dificultaria a manutenção temática. Do mesmo modo, a total falta deles pouco contribuiria para a constituição do texto. Essa é, por assim dizer, a segunda condição textual de Charolles (1983, 2002): **metarregra de progressão**.

Ainda no mesmo fragmento de texto, você pode observar que, à informação inicial "Utilizar o WhatsApp para melhorar a segurança do bairro também deu certo no Uberaba", são acrescidas outras informações novas: "256 pessoas participam há três meses da iniciativa", "o grupo foi criado pelo blogueiro Jeferson Salles". A esta última, é acrescida a informação de que o blogueiro "tem uma página de notícias". É evidente, como é possível verificar, que há um equilíbrio entre as informações retomadas e aquelas apresentadas pela primeira vez.

> **Metarregra de progressão** – A segunda condição para a coerência, segundo Charolles (2002), ao contrário da repetição, é a apresentação de novas informações acerca dos elementos retomados, isto é, são acréscimos semânticos sem mudança de assunto que vão possibilitando o avanço das ideias no texto. Como você pode constatar nas palavras do próprio autor: "Para que um texto seja microestruturalmente ou macroestruturalmente coerente, é preciso que haja no seu desenvolvimento uma contribuição semântica constantemente renovada" (Charolles, 2002, p. 57). A progressão é, portanto, um complemento da repetição. A coerência será garantida pelo equilíbrio entre a continuidade temática e a progressão semântica.

A terceira condição postulada por Charolles (1983, 2002) diz respeito ao fato de que, em hipótese alguma, será possível afirmar algo em dado ponto do texto e em outro momento negar tal afirmação. Trata-se da **metarregra de não contradição**.

Apresentamos, a seguir, uma adaptação do trecho que vem nos servindo de exemplo para que você possa visualizar como seria a manifestação da contradição em uma produção. Veja:

> Utilizar o WhatsApp para melhorar a segurança do bairro também deu certo no Uberaba, onde 256 pessoas participam há três meses da iniciativa. Ali, o grupo foi criado pelo blogueiro Jeferson Salles, que tem uma página de notícias **em que registra, ainda hoje, o aumento da violência no local.** "Eu percebi que a violência no bairro estava aumentando muito", afirmou. Então, aproveitou sua rede de contatos para juntar moradores e policiais em um grupo do aplicativo. "Foi uma tentativa para diminuir a incidência de furtos e roubos aqui".

Você conseguiu perceber a contradição? Se, inicialmente, afirma-se que o uso do aplicativo funcionou positivamente para melhorar a segurança no bairro, no mínimo seria necessária uma explicação para que o criador do grupo no aplicativo continuasse registrando índices de aumento da violência, e não de diminuição, não é mesmo?

> **Metarregra de não contradição** – A terceira condição para o estabelecimento da coerência em um texto diz respeito à manutenção semântica entre as ideias apresentadas. Por exemplo, não é possível fazer determinada afirmação e, em outra parte do texto, apresentar algo que contradiga a afirmação já apresentada. Isso deve ser observado tanto nas relações entre os elementos internos do texto quanto na relação entre o texto e o mundo a que faz referência. "Para que um texto seja microestruturalmente ou macroestruturalmente coerente,

é preciso que no seu desenvolvimento não se introduza nenhum elemento semântico que contradiga um conteúdo posto ou pressuposto por uma ocorrência anterior, ou deduzível desta por inferência" (Charolles, 2002, p. 59).

A quarta condição refere-se à capacidade do texto de apresentar o mundo que o cerca e com ele se relacionar, isto é, o mundo representado no texto deve estar adequadamente relacionado ao estado das coisas no mundo real. Da mesma forma, as ideias apresentadas no texto devem relacionar-se entre si. Trata-se da **metarregra de relação**.

No referido trecho, o mundo narrado é absolutamente compatível com nosso mundo real, não é? Tanto o aplicativo mencionado quanto a violência, se não são uma realidade para todos nós, o são para a grande maioria. Também faz parte de nossa realidade a utilização dos recursos tecnológicos como tentativa de proteção contra violência. Assim, o trecho apresenta uma configuração de mundo que se relaciona diretamente, sem distorções de qualquer natureza, com o mundo real.

Além dessa relação entre os elementos do texto e a realidade, há outra categoria de relação. Como você pode observar ao retomar o trecho citado, as ideias são apresentadas com o uso de poucos articuladores argumentativos, como é característico nos textos expositivos. Há a apresentação linear de uma sequência de fatos. Em outro trecho do mesmo texto, no entanto, em que a necessidade de estabelecer relação entre as ideias apresentadas é mais recorrente, há expressões que, além de unir (relacionar) as frases, auxiliam no direcionamento argumentativo. Observe:

> Esse conhecimento entre os vizinhos que participam do grupo também é importante para a análise das informações transmitidas no grupo. De acordo com o delegado Demetrius Gonzaga, do Núcleo de Combate aos Cibercrimes de Curitiba, muitas informações falsas e boatos são frequentemente espalhados pelas redes sociais e, **por isso**, é necessário confiança entre os participantes.

FONTE: Derevecki, 2017, grifo nosso.

Nesse outro trecho, perceba o emprego da expressão *por isso*, pois, na frase, já existe um elemento capaz de estabelecer a relação de ligação entre as ideias. O conectivo *e* relaciona a primeira ideia de que "muitas informações falsas e boatos são frequentemente espalhados pelas redes sociais" à segunda ideia, de que "é necessário confiança entre os participantes". No entanto, a autora emprega a expressão *por isso* para garantir que, entre as frases, ainda será estabelecida relação de causa e consequência.

> **Metarregra de relação** – A quarta metarregra postula que a coerência depende também das relações de sentido que se estabelecem entre as partes do texto. Conforme citamos anteriormente, essas relações de sentido podem ser evidenciadas explicitamente no texto com o uso de conectivos, bem como podem ser estabelecidas apenas no plano lógico-semântico.

> "Para que uma sequência ou um texto sejam coerentes, é preciso que os fatos que se denotam no mundo representado estejam relacionados" (Charolles, 2002, p. 71-72).

Apesar dos avanços conquistados, as gramáticas textuais falharam ao postular *texto* como uma unidade formal gerada por um sistema finito de regras (internalizada pelos usuários), pois, como sabemos hoje, o texto não é uma unidade estrutural conquistada por meio de transformações sucessivas em sua estrutura de base. Falharam também ao separar os conceitos de *texto* (unidade estrutural) e de *discurso* (unidade de uso), porque, como também sabemos atualmente, só é possível atribuir significados aos textos em determinada situação de interação.

Essa perspectiva de analisar o texto como uma unidade estrutural desvinculada do processo de interação levou a um novo deslocamento. Em vez de descreverem exaustivamente as competências do falante/ouvinte, os pesquisadores passaram a observar a funcionalidade do texto em situações reais de uso.

> O texto não é uma unidade estrutural conquistada por meio de transformações sucessivas em sua estrutura de base.

2.2.3 Terceira fase: teoria ou linguística do texto

Diante do fracasso das gramáticas textuais, haja vista o número elevado de perguntas que estavam ficando sem respostas, os pesquisadores abandonaram o projeto de criação desse tipo de gramática e passaram o considerar o texto em funcionamento, isto é, suas diferentes formas de apresentação, os modos de produção e as possibilidades de interpretação. O contexto, então, passou a ter forte relevância para a produção e a recepção de sentidos.

Bentes (2006, p. 251) sintetiza a terceira fase da linguística textual da seguinte maneira:

> Nesse terceiro momento, adquire particular importância o tratamento dos textos no seu contexto pragmático, isto é, o âmbito da investigação se estende do texto ao contexto, este último entendido, de modo geral, como o conjunto de condições externas da produção, recepção e interpretação dos textos.

De acordo com Marcuschi (1999), nessa fase, as atenções deixaram de estar voltadas para a descrição das competências textuais dos falantes e voltaram-se para a noção de textualidade, ou seja, para os elementos que fazem com que um texto se configure em sentido macro, e não apenas como uma sequência de frases.

2.2.3.1 Fatores de textualidade

Nesse novo contexto, Beaugrande e Dressler (1983) estabeleceram sete fatores de textualidade. Dois deles são fortemente ligados à superfície textual: coesão e coerência. Os outros cinco estão diretamente relacionados ao contexto sociocomunicativo (pragmático): intencionalidade, aceitabilidade, situacionalidade, informatividade e intertextualidade.

Figura 2.1 – Fatores de textualidade

```
Os 7 fatores de textualidade
├─► Coesão ──────────┐
│                    ├─► Ligadas à superfície textual
├─► Coerência ───────┘
│
├─► Intencionalidade ┐
│                    │
├─► Aceitabilidade   │
│                    ├─► Relacionadas ao contexto sociocomunicativo (pragmático)
├─► Situacionalidade │
│                    │
├─► Informatividade  │
│                    │
└─► Intertextualidade┘
```

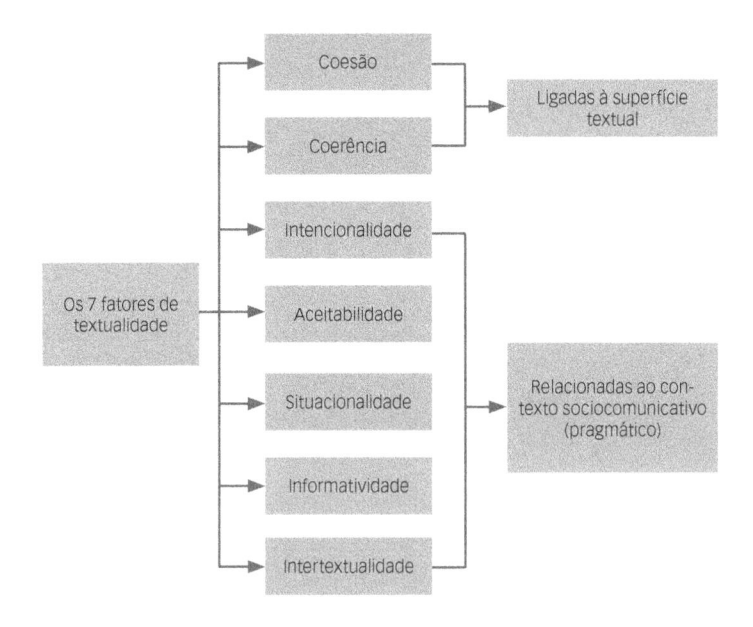

A **coerência**, fator fundamental da textualidade, é responsável pelo sentido do texto. Um texto será considerado coerente apenas se as relações construídas nele respeitarem uma lógica, ou seja, se estabelecerem um sentido compatível com os conhecimentos do leitor/ouvinte. Como podemos ver, o que determina uma manifestação linguística como um texto não está mais exclusivamente na materialidade do texto, como pensavam os estudiosos de momentos anteriores, mas também no conhecimento de mundo e na capacidade de pressuposição e inferência do leitor/ouvinte. Leia o texto a seguir:

> A coerência, fator fundamental da textualidade, é responsável pelo sentido do texto.

> Em uma sala de aula, durante a conferência das tarefas de casa, a professora observa que um aluno, ao contrário do que ela esperava, apresentou toda a tarefa. Admirada, a professora o parabeniza, mas permanece pensativa, até que resolve perguntar:
> — Estou muito feliz, mas posso saber se sua mãe fez a lição junto com você?
> O aluno espertamente responde:
> — Claro que não, né, professora.
> — Que bom!
> Finaliza o menino:
> — Ela fez tudo sozinha!

Você julgaria essa manifestação de linguagem como um texto? Diria que é possível compreender um significado? Consideraria como coerente? Classificaria como uma piada? Imaginamos que suas respostas sejam todas afirmativas. Mas é importante também questionarmos: O que permite tomar esse texto como coerente?

Existe uma lógica interna nas relações estabelecidas. Como é possível observar, inicialmente há a apresentação de uma cena (primeiro parágrafo), inclusive, com o acréscimo da ideia de desconfiança, oposta, portanto, ao ato de parabenizar expresso posteriormente. A narração dos fatos passa a ocorrer por meio do diálogo entre a professora e o menino. Veja que a professora, ao elaborar a pergunta, manifesta novamente sua desconfiança sobre o modo como a tarefa foi realizada. A efetivação da pergunta, por si só, já indicaria tal desconfiança, no entanto, para reforçar essa ideia, o *mas*, que já estabeleceu a relação de desconfiança anteriormente, é repetido.

A expectativa criada ao longo do texto influencia a aceitação, por parte do leitor e da professora, da resposta do aluno como uma declaração de que foi ele quem fez a tarefa. Da mesma forma, a sequência do texto condiciona a interpretação de que a fala da professora ("Que bom!") é a manifestação de seu contentamento. No entanto, na última fala, o aluno quebra essa linearidade ao assumir que não foi ele quem fez a tarefa.

A relação lógica estabelecida no texto não garante sozinha a coerência. São necessários conhecimentos a que o texto faz referência e que, portanto, devem ser ativados para a construção do sentido. Veja, por exemplo, que não foi preciso manifestar, na superfície textual, que a tarefa escolar (lição de casa) deve ser realizada pelo aluno, pois esse é um conhecimento já cristalizado em nossa cultura. Também não foi preciso dizer que se trata de uma piada, pois já sabemos que a quebra da linearidade no final do texto é um recurso linguístico característico do gênero *piada*.

A coerência seria muito prejudicada se as relações entre os elementos internos do texto não fossem lógicas. Se, por exemplo, a primeira resposta do menino fosse afirmativa ao invés de negativa, não haveria uma ligação aceitável com o restante do texto. Da mesma forma, a coerência ficaria muito prejudicada caso, hipoteticamente, o leitor/ouvinte da piada fosse de uma cultura em que os pais realizam as lições de casa para seus filhos.

Para Fávero (2002, p. 60),

> O texto contém mais do que o sentido das expressões na superfície textual, pois deve incorporar conhecimentos e experiências cotidianas, atitudes e intenções, isto é, fatores não linguísticos. Deste modo, um texto não é em si coerente ou incoerente; ele é para um leitor/alocutário numa determinada situação.

Segundo Koch e Travaglia (1991, p. 21),

> A coerência está diretamente ligada à possibilidade de se estabelecer um sentido para o texto, ou seja, ela é o que faz com que o texto faça sentido para os usuários, devendo, portanto, ser entendida como um princípio de interpretatividade, ligada à inteligibilidade do texto numa situação de comunicação e à capacidade que o receptor tem para calcular o sentido de um texto. Este sentido, evidentemente, deve ser do todo, pois a coerência é global.

A **coesão**, fator de textualidade facilmente observado na organização formal do texto, refere-se aos modos de estabelecimento de relação harmônica entre partes deste. Trata-se, dito de outra maneira, da **manifestação linguística da coerência**. A coesão diz respeito à relação entre palavras, frases e parágrafos estabelecida por mecanismos linguísticos de tal forma que garanta a coerência. Observe o texto a seguir:

> A coesão diz respeito à relação entre palavras, frases e parágrafos estabelecida por mecanismos linguísticos de tal forma que garanta a coerência.

1. A professora pediu que Pedrinho colocasse uma caixa vazia na lixeira, mas ele a
2. colocou em cima. Ela, incomodada, perguntou:
3. Por que você não colocou a caixa dentro da lixeira, Pedrinho?
4. Porque não cabeu, professora – ele respondeu.
5. Não coube – corrigiu a professora.
6. Para você aprender, terá que escrever cem vezes no caderno "não coube" – ordenou a professora.
7. Algum tempo depois, Pedrinho estava olhando para o caderno.
8. Escreveu cem vezes as palavras que lhe mandei? – perguntou a professora.
9. Escrevi só 99, professora – respondeu o menino.
10. Por quê? – ela questionou.
11. Porque não cabeu tudo, professora!

Vejamos, na piada anterior, como alguns elementos são constantemente retomados:

* A palavra *Pedrinho*, por exemplo, é recuperada várias vezes na totalidade do texto. Primeiro, por meio do pronome *ele* (linha 1); depois pela repetição do próprio nome *Pedrinho* (linha 3); mais uma vez pelo pronome *ele* (linha 4); na sequência pelo pronome *você* (linha 6); novamente pela repetição do próprio nome *Pedrinho* (linha 7); e pela supressão dos pronomes *você* e *eu*, respectivamente (linhas 8 e 9).

* A palavra *professora*, da mesma forma, é reiterada no texto várias vezes. Há, como você pode certificar-se, uma alternância entre o uso repetido do substantivo *professora* (linhas 1, 4, 5, 6, 8, 9 e 11) e o pronome *ela* (linhas 2 e 10).
* A expressão *caixa vazia*, mais um exemplo, é retomada algumas vezes no texto. Inicialmente, pelo pronome *a* (linha 1); depois, pela repetição do substantivo *caixa* (linha 3); em seguida, pela supressão do sujeito do verbo *caber* (linha 4).

É claro que há a retomada de outros elementos, mas, a título de exemplo, nos limitamos a esses três.

Fora esse entrelaçamento estabelecido pela retomada dos referentes, verifica-se, ainda, outro tipo de relação no texto, ou seja, há a proposição de uma ligação semântica entre as frases. Na piada, o uso de *por quê* e *porque* (linhas 10 e 11), além de unir as frases, indica a solicitação de um motivo/causa (linha 10) e a apresentação desse motivo/causa (linha 11), portanto, efetiva uma relação de explicação entre as duas frases.

Logo, a coesão é o fator de textualidade responsável pela conexão, ligação harmônica entre as partes de um texto (palavras, frases, parágrafos etc.).

Entre os primeiros fatores pragmáticos de textualidade, isto é, aqueles que garantem o *status* de texto a determinada manifestação de linguagem segundo os aspectos sociocomunicativos postulados por Beaugrande e Dressler (1983), estão a intencionalidade e a aceitabilidade, dois lados de uma mesma moeda.

A **intencionalidade**, uma das faces dessa moeda, diz respeito ao projeto de comunicar sustentado pelo emissor (autor) de um texto. Como postula Val (1999, p. 10), corresponde ao "empenho do produtor em construir um discurso coerente, coeso e capaz de satisfazer os objetivos que tem em mente numa determinada situação comunicativa".

A **aceitabilidade**, a outra face da moeda, refere-se à disponibilidade do receptor (leitor) de reconhecer/aceitar a manifestação de linguagem apresentada como apropriada para a situação de comunicação em que se materializa.

De acordo com Beaugrande e Dressler (citados por Koch, 2014, p. 30), "para que uma manifestação linguística constitua um texto, é necessário que haja a intenção do emissor de apresentá-la e a dos receptores de aceitá-la como tal".

Veja o texto a seguir:

> Ao passar pelas portas do Senado, um homem escuta uma gritaria estranha que saía do interior do ambiente:
> — Corrupto, ladrão, desonesto, mentiroso, vendido, assaltante, bandido...
> Desconfiado, o visitante recorre ao segurança:
> — Sr., o que está acontecendo lá dentro? Acuda, eles estão brigando.
> O funcionário, tranquilamente, responde:
> — Acalme-se, eles só estão fazendo a chamada da Comissão de Ética.

É bastante provável que você tenha reconhecido o texto como uma piada, não é mesmo? Esse gênero é utilizado em situações informais de descontração. O projeto comunicativo do emissor (autor) é, comumente, o de divertir, entreter seu interlocutor;

já o do receptor é o de aceitar o texto como provocador de graça. Dessa forma, o texto se constitui como uma unidade de sentido. No entanto, caso o receptor seja um político que compõe a Comissão de Ética, certamente não aceitaria o texto como uma brincadeira, mas como uma ofensa. Não há, portanto, correspondência entre o projeto do emissor e a recepção do interlocutor, apesar de o texto, de certa forma, ainda manter uma unidade capaz de estabelecer comunicação. Além disso, se o receptor da piada fosse alguém que não mora no Brasil e não conhecesse a má fama da classe política brasileira, o texto possivelmente ficaria sem sentido. Seria difícil, sem nenhuma explicação no texto, pressupor uma razão lógica para que a conferência (chamada) da presença de políticos aconteça por meio de palavras que denigrem sua conduta, principalmente se atuam em uma comissão que preza pela ética.

    Figura também, entre os fatores pragmáticos de textualidade, a **situacionalidade**, que, *grosso modo*, diz respeito à adequação dos aspectos textuais à situação sociocomunicativa. A situacionalidade determina quem são os falantes/escritores, quem são os ouvintes/leitores e o objetivo do que se fala/escreve. Segundo Val (1999, p. 12), esse é o fator que "diz respeito aos elementos responsáveis pela pertinência e relevância do texto quanto ao contexto em que ocorre".

    A título de exemplo, vale refletir sobre as mensagens trocadas por meio dos aplicativos e/ou das redes sociais, cuja principal característica, segundo a estrutura formal dos textos, é a economia dos caracteres empregados; então, a linguagem icônica torna-se uma aliada. É, dessa forma, uma adequação da linguagem ao seu contexto de uso. A substituição da palavra *casa*, por exemplo, pela sua representação em desenho em uma comunicação via rede social estaria pragmaticamente validada, no entanto, a mesma substituição em uma petição jurídica não faria o menor sentido.

Por sua vez, a **informatividade**, outro fator pragmático de textualidade, só garante a coerência de um texto se houver um equilíbrio entre as informações previsíveis e as informações totalmente novas. Como é facilmente observável, o excesso de informações previsíveis deixaria o texto enfadonho; assim como o oposto, ou seja, o excesso de informações completamente novas deixaria o texto incompreensível. Logo, o ideal é que haja uma articulação equilibrada entre as informações, em que uma sirva de base semântica para a apresentação da outra.

Para Val (1999, p. 14), "um discurso menos previsível é mais informativo, porque a sua recepção, embora mais trabalhosa, resulta mais interessante, mais envolvente. Entretanto, se o texto se mostrar inteiramente inusitado, tenderá a ser rejeitado pelo recebedor, que não conseguirá processá-lo".

Observe, a seguir, dois trechos do mesmo texto em que o assunto é a água:

> A água é a substância mais comum do planeta e cobre cerca de 71% da superfície da Terra. Sem ela, o planeta seria completamente diferente do que conhecemos hoje e certamente não existiria nenhum dos seres vivos atualmente conhecidos, uma vez que muitas teorias indicam que a vida surgiu nessa substância.

FONTE: Santos, 2019.

Nesse primeiro trecho, são veiculadas informações conhecidas pela maioria da população, não é mesmo? São conhecimentos de domínio geral; o acréscimo fica por conta do número que quantifica o percentual do planeta que é coberto por água e, posteriormente, pelo raciocínio lógico de que, se não houvesse água, o mundo seria diferente. Trata-se de um texto com alto grau de previsibilidade.

Para a compreensão do próximo trecho, contrariamente, são exigidos conhecimentos mais específicos compartilhados por um grupo. Observe que alguns termos são esclarecidos textualmente, como é o caso de *hidrogênio* e *oxigênio*, que são conceituados como *elementos químicos*. O conhecimento de outros conceitos também é exigido, como: *molécula, átomos, ligações covalentes e elétrons*. Confira:

> A água é composta por dois elementos químicos: o hidrogênio e o oxigênio. Para formar uma molécula dessa substância são necessários dois átomos de hidrogênio e apenas um de oxigênio, que se ligam por ligações covalentes (H-O-H). Nesse tipo de ligação, os elétrons dos átomos são compartilhados.

FONTE: Santos, 2019.

Perceba que essa nova passagem do texto tem alto grau de informatividade, haja vista que poucas informações mobilizam o repertório do leitor sem que se configurem como um elo para a inserção das informações novas.

Por último, Beaugrande e Dressler (1983) apresentam a **intertextualidade** como mais um componente pragmático de textualidade. Para os autores, a intertextualidade diz respeito ao uso de um texto na produção de outro texto, pois, como é sabido, o que falamos ou escrevemos já foi anteriormente empregado em outras situações de comunicação.

Para Val (1999, p. 15), "Inúmeros textos só fazem sentido quando entendidos em relação a outros textos, que funcionam como seu contexto". Isto é, a compreensão de um texto depende, entre outros fatores, também do conhecimento que o receptor (leitor) tem de outras situações de comunicação materializadas em outros textos. A intertextualidade pode ocorrer por meio de citação, epígrafe, tradução, referência, alusão, paráfrase, paródia.

Leia mais esta piada:

> Uma mãe, ao acompanhar sua filha de 15 anos ao médico, diz:
> — Doutor, ultimamente, minha filha tem apresentado um comportamento muito diferente, ela tem desejos estranhos de comer coisas esquisitas, sente-se enjoada e está aumentando gradativamente o peso.
> O médico, muito atento, examina a menina e informa: — Sua filha está grávida!
> A mãe, muito surpresa, diz:
> — Não é possível, essa menina nunca ficou sozinha com um homem. Coloco a minha mão no fogo por ela.
> A garota confirma:

> — Isso mesmo, mamãe, eu nunca beijei um homem em toda a minha vida! O médico vai até a janela e permanece um longo tempo olhando para o horizonte. Até que a mãe não resiste e pergunta:
> — O senhor está bem?
> E ele responde:
> — Estou sim, só não quero perder o evento. Da última vez que isso aconteceu, uma estrela apareceu no oriente e três homens sábios a seguiram.

Como você pode observar, nesse texto, o efeito de humor é construído, sobretudo, pela ironia empregada pelo médico ao tecer o último comentário. Inicialmente, o médico faz um diagnóstico e o apresenta para a mãe da paciente. Diante da contestação da mãe relativa ao resultado do exame, o médico, para não discordar, sugere que referido resultado só pode ser um milagre. Para demonstrar tal ideia, ele retoma a passagem bíblica da gravidez de Maria, mãe de Jesus, que, segundo a tradição cristã, teria engravidado do Espírito Santo sem nenhuma relação corporal. A intertextualidade, portanto, é dada pelo "diálogo" estabelecido com o texto bíblico.

Essa estratégia exige, para que haja uma compreensão do texto, que o leitor/ouvinte tenha conhecimento do texto com qual o diálogo é estabelecido. Se o leitor/ouvinte da piada pertencesse a uma cultura não cristã, provavelmente o texto não seria compreendido, já que não seria possível saber o que significa a aparição da estrela no Oriente nem quem são os três homens, tampouco qual é o acontecimento a que o médico se refere.

Quadro 2.1 – Fatores de textualidade

Fator de textualidade	Nível	Relacionado com
Coesão	Conceitual e linguístico	Organização formal do texto
Coerência	Conceitual e linguístico	Sentido lógico do texto
Intencionalidade	Pragmático (orientado por aspectos psicológicos)	Intenções comunicativas
Aceitabilidade	Pragmático (orientado por aspectos psicológicos)	Expectativa do receptor
Informatividade	Pragmático (orientado por aspectos comunicacionais)	Transmissão/ apresentação de informações
Situacionalidade	Pragmático (orientado por aspectos sociodiscursivos)	Adequação do texto à situação de comunicação
Intertextualidade	Pragmático (orientado por aspectos sociodiscursivos)	"Diálogo" entre textos

Portanto, até aqui, fica clara a necessidade de entender o texto de forma relacionada às situações de uso.

doipontotrês
Momento atual da linguística textual

Neste ponto de nossa análise, você certamente já compreendeu que a linguística textual é uma área de estudo relativamente recente e, por isso, com fronteiras ainda sendo delimitadas. Apesar disso, é possível mapear, entre os autores com pesquisas mais significativas, definições da linguística textual e de seu campo de atuação, haja vista que, conforme Koch (1997, p. 67), no campo da linguística textual, "a selva terminológica e a diversidade de abordagens vêm se rarefazendo e que, agora, já existem mais convergências do que divergências".

A definição de Marcuschi (1983), embora tenha caráter provisório e genérico, como indica o próprio autor, à medida que se afasta das preocupações gramaticais (fase das análises transfrásticas e das gramáticas textuais), aproxima-se, hoje, das preocupações sobre o processamento sociocognitivo de textos orais e escritos. Vejamos:

> *Proponho que se veja a Linguística do Texto, mesmo que provisória e genericamente, como o estudo das operações linguísticas e cognitivas reguladoras e controladoras da produção, construção, funcionamento e recepção de textos escritos ou orais. Seu tema abrange a coesão superficial ao nível dos constituintes linguísticos, a coerência conceitual ao nível semântico e cognitivo e o sistema de pressuposições e implicações a nível pragmático da*

produção de sentido no plano das ações e intenções. Em suma, a Linguística Textual trata o texto como um ato de comunicação unificado num complexo universo de ações humanas. Por um lado, deve preservar a organização linear que é o tratamento estritamente linguístico abordado no aspecto da coesão e, por outro lado, deve considerar a organização reticulada ou tentacular, não linear portanto, dos níveis de sentido e intenções que realizam a coerência no aspecto semântico e funções pragmáticas. (Marcuschi, 1983, p. 12-13)

Koch (2003), ao relacionar a linguística textual com o ensino de língua portuguesa, problematiza exatamente essa definição, considerando-a como "a mais atual e apropriada" e afirmando que faria algumas alterações de caráter pouco substancial.

Fica registrado o estabelecimento de fronteiras e do caráter multidisciplinar da linguística textual, como pode ser apurado nas duas referências anteriores. No entanto, é essencial apresentar mais três fortes influências sobre os estudos da linguagem que, como você perceberá, atuam diretamente sobre a linguística textual. Trata-se das abordagens pragmática, cognitivista e interacionista.

2.3.1 Abordagem pragmática

A pragmática surgiu motivada pela teoria dos atos de fala (filosofia da linguagem). Até então, para os pesquisadores, os estudos sobre a língua eram conduzidos por uma ilusão descritiva, isto é, o estado das coisas poderia ser descrito e caracterizado como verdadeiro ou falso (constatativo). Austin (1965) e Searle (1979) postularam que, além disso, há afirmações que não afirmam nada, mas, por meio delas, é possível realizar ações (performativas). Então, surgem os tipos de **atos de fala**: locucionário (o ato de dizer a frase); ilocucionário (ato executado na fala); perlocucionário (provocar algum efeito no interlocutor).

A partir da fase da teoria do texto, reconhecer as contribuições da pragmática para a compreensão de um texto significa que também se considera o contexto comunicativo: as condições em que os textos são produzidos e recebidos. Por exemplo, para que uma frase como "*Você sabe que horas são?*" seja interpretada como uma pergunta sobre o horário ou como uma indicação de que não será realizada dada atividade em razão do adiantamento do horário, são necessários conhecimentos que não estão ditos na frase, não estão marcados na materialidade do texto, mas sim registrados em outros fatores que contribuem igualmente para a produção de determinado sentido. Se essa frase for proferida no momento em que um professor, faltando cinco minutos para terminar a aula, resolve apresentar uma lista de exercícios, certamente não será um pedido gentil de informação do horário.

> Note, então, que a abordagem pragmática não considera a língua apenas como um sistema independente, desvinculado, mas privilegia o funcionamento dela em contextos reais de comunicação, isto é, a língua é vista como uma atividade humana entrelaçada com outras atividades humanas. As intenções do falante que impulsionam a realização de determinadas ações influenciam os modos de apresentação dos textos.

Isenberg (1970) postula que os aspectos pragmáticos são determinantes dos aspectos sintáticos e semânticos. Para Koch (2015, p. 29), "o plano geral do texto determina as funções comunicativas que nele vão aparecer e estas, por sua vez, determinam as estruturas superficiais".

Van Dijk (1980) reconhece que a coerência se estabelece de acordo com a interação, mas não exclusivamente; é necessário também considerar gostos, crenças, desejos, preferências, enfim, o interlocutor.

As contribuições da pragmática, então, são significativas, pois ponderam a situação comunicativa e, sobretudo, evidenciam a influência dessa situação comunicativa no processo de construção do texto. Por exemplo, a escolha de uma modalidade de uso da linguagem mais formal ou informal é uma seleção realizada com base na observação da situação em que a comunicação é estabelecida.

2.3.2 Abordagem cognitivista

Os estudos cognitivistas proporcionaram mais uma "virada" nas pesquisas acerca do texto, como nomina Koch (2015), pois colocaram em evidência o fato de que toda ação humana (conceito criado pela abordagem pragmática) é essencialmente relacionada a processamentos cerebrais, de ordem cognitiva, portanto. Isso, dito de outra forma, significa que, para produzir e compreender um texto, os indivíduos precisam ativar conhecimentos anteriormente armazenados ou recordar experiências já vivenciadas. Eles precisam recuperar modelos de operações e tipos de operações.

Observe mais este diálogo hipotético entre a professora e o aluno:

> — A nossa prova é amanhã.
> — Mas, professora, amanhã tem jogo no estádio aqui do lado.
> — Prova transferida para a próxima semana.

> Para produzir e compreender um texto, os indivíduos precisam ativar conhecimentos anteriormente armazenados ou recordar experiências já vivenciadas.

Esse exemplo evidencia que, para compreender a fala um do outro, além do contexto de produção do texto (fatores pragmáticos), é necessário que os interlocutores ativem conhecimentos anteriormente armazenados, ou seja, nesse texto, é o conhecimento de algo que não está explícito que impossibilita a aula. Por exemplo, o conhecimento de que as ruas são interditadas nos dias de jogo ou de que os alunos não vão para aula, pois preferem assistir ao jogo, entre tantas outras possibilidades.

Seria muito comum alguém que não tivesse vivenciado uma situação de jogo nas imediações do estádio perguntar qual é relação do jogo de futebol com a realização da prova. Pode ser, inclusive, que isso tenha acontecido com você, caro leitor, ao ler inicialmente o diálogo.

Os estudos sobre linguagem, portanto, mais uma vez mudam de rumo. Para a compreensão dos textos, agora passaram a ser considerados os processos mentais, isto é, a bagagem, os conhecimentos e as experiências de que as pessoas dispõem. Caberia à linguística, nessa perspectiva, conforme Koch (2015), desenvolver, por meio da análise dos processos cognitivos, exemplares de procedimentos textuais que viabilizam a integração dos variados conhecimentos empregados no processo de produção e compreensão de textos. Esses exemplares, nomeados por Koch (2015) de *modelos cognitivos*, na literatura especializada recebem outras denominações, como: *frames, scripts, cenários, esquemas, modelos mentais* e *modelos episódicos* ou *de situação*. Para a pesquisadora, os **modelos cognitivos** constituem

> *conjuntos de conhecimentos socioculturalmente determinados e vivencialmente adquiridos, que contêm tanto conhecimento sobre cenas, situações e eventos, como conhecimentos procedurais sobre como agir em situações particulares e realizar atividades específicas. São, inicialmente, particulares (já que resultam das experiências do dia a dia), determinados espaçotemporalmente e, por isso, estocados na memória episódica.* (Koch, 2015, p. 35)

Os modelos cognitivos, como é possível constatar na citação, são conjuntos de conhecimentos experimentados e armazenados que são reativados em diferentes momentos comunicativos. Sem esses conhecimentos, algumas situações comunicativas ficam incompreensíveis. O texto, portanto, só é reconhecido como tal se levarmos em conta esse conjunto de saberes adquiridos socialmente em outras experiências comunicativas.

Tais modelos também são empregados em práticas cognitivas, isto é, em exercícios mentais, cálculos (no sentido amplo da palavra), para produzir informações novas, como as inferências. Há, dessa forma, uma participação ativa de interlocutores no processo de construção – não de reconstrução – dos sentidos do texto.

No entanto, apesar de toda essa complexidade, de todos os ciclos pelos quais passou a linguística textual, os pesquisadores da área começaram a perceber a necessidade de considerar o próprio processo comunicativo e os participantes desse processo na produção e na recepção de sentido. Embora já fossem ponderados o contexto comunicativo (pragmática) e os conhecimentos experienciados e armazenados (cognição), observou-se a necessidade de levar em conta também os modos como os sujeitos são constituídos (identidade) por meio dos textos e como, concomitantemente, o texto é constituído pela participação ativa desse sujeito. Foi assim que surgiu a abordagem interacionista.

2.3.3 Abordagem interacionista

Como você pôde observar, a cognição apresentou a relevância dos aspectos individuais, particulares, internos do indivíduo, como um modo de representação do mundo externo utilizado no processo de compreensão dos textos. Não tardou, porém, para os pesquisadores constatarem que, apesar do caráter individual, os modelos cognitivos estão alicerçados em realidades externas, sociais e culturais.

Em outras palavras, muitos dos processos cognitivos não acontecem exclusivamente no interior do indivíduo, como pensavam os pesquisadores das ciências cognitivas clássicas, mas na inter-relação de outras ações conjuntamente praticadas. Os estudos da linguagem, dessa forma, outra vez se reconfiguraram, isto é, os objetos de atenção não eram mais os modelos individuais de representação do mundo; tomou o centro das atenções a atividade feita conjuntamente com o outro, em um processo interativo. As ações verbais passaram a ser analisadas, por essência, como ações conjuntas. Sobre isso, Koch (2015, p. 44) postula:

> Na concepção interacionista (dialógica) da língua, na qual os sujeitos são vistos como atores/construtores sociais, o texto passa a ser considerado o próprio lugar da interação e os interlocutores, sujeitos ativos que – dialogicamente – nele se constroem e por ele são construídos. A produção de linguagem constitui atividade interativa altamente complexa de produção de sentidos, que se realiza, evidentemente, com base nos elementos linguísticos presentes na superfície textual e na sua forma de organização, mas que requer não apenas a mobilização de um vasto conjunto de saberes (enciclopédia), mas a sua reconstrução – e a dos próprios sujeitos – no momento da interação verbal.

A abordagem interacionista contribuiu significativamente, conforme exposto anteriormente, ao postular o objeto *texto*, no processo comunicativo, como a materialização da comunicação. As manifestações de linguagem, nessa perspectiva, são **construções coletivas**. Os participantes da comunicação agem ativamente uns sobre os outros. Não há nada pronto, tudo é concebido no processo interativo.

Por exemplo, a expressão *muito obrigado* utilizada por um professor para agradecer a um aluno que fechou a porta da sala durante uma aula, na perspectiva interacionista, pode ter significados variados, ou seja, é apenas no processo de interação que o texto adquire significação. Se o aluno reconhece no professor um sujeito atencioso e educado e, em contrapartida, o professor reconhece no aluno um sujeito igualmente atencioso e educado, a expressão *muito obrigado* provavelmente funcionaria como uma manifestação de agradecimento. Por outro lado, se o professor é reconhecido pela sua ironia e o aluno por sua falta de modos para entrar na sala, a expressão *muito obrigado* tem grande probabilidade de materializar o sarcasmo do professor.

Embora faltem elementos desse hipotético processo de interação, é possível constatar que os sujeitos da interação (aluno, professor e os outros presentes na sala de aula) agem uns sobre os outros para determinar suas especificidades (educado, irônico etc.). Também é possível verificar que o texto (a expressão *muito obrigado*) é o meio em que a interação se efetiva.

Para finalizar este capítulo, é importante pontuar que as abordagens pragmática, cognitivista e interacionista foram apresentadas separadamente apenas para assegurar um caráter didático à nossa exposição. Ao considerar o texto como objeto de pesquisa e de ensino, no entanto, essas são abordagens teóricas que convivem harmonicamente; portanto, não são excludentes.

Síntese

Neste capítulo, apresentamos os ciclos pelos quais a linguística textual passou. Inicialmente, destacamos como precursoras três linhas de pensamento: a antiga retórica, por introduzir reflexões acerca das operações linguísticas subjacentes à produção do texto; a estilística, por trazer elementos que diferenciam a liberdade do autor das exigências da gramática do texto; e, por último, os formalistas russos, por terem dados os primeiros passos nos estudos do discurso.

Depois, analisamos as três fases da linguística textual: a primeira, conhecida como *transfrástica*, cujas análises se restringiam à relação entre as frases; a segunda, denominada *fase das gramáticas textuais*, que ampliou os limites da análise das relações entre as frases para o texto como um instrumento de realização das intenções do falante; e a terceira, chamada de *teorias do texto*, que se caracteriza pela definição dos elementos de textualidade, isto é, pela necessidade de definir o texto em situação de uso.

Para finalizar, examinamos as três abordagens que reconduziram, cada uma à sua maneira, os rumos da linguística textual. A pragmática revelou a importância dos elementos contextuais da situação comunicativa na construção dos sentidos. A cognitivista trouxe à luz a relevância dos processos mentais para a formulação e compreensão dos sentidos. A interacionista, por último, evidenciou que todo processo de produção e recepção de textos é realizado na interação entre interlocutores.

Atividades de autoavaliação

1. Classifique as afirmativas a seguir como verdadeiras (V) ou falsas (F).
   ( ) O texto sempre foi o objeto de pesquisa dos estudos linguísticos.
   ( ) No Brasil, são representantes da linguística textual: Marcuschi, Koch, Fávero, entre outros.
   ( ) A linguística textual é dividida em três fases: transfrástica, gramática do texto e teorias do texto.
   ( ) A fase transfrástica é caracterizada pela reflexão acerca dos fenômenos contextuais.
   ( ) A fase das gramáticas textuais é marcada pelo projeto de reconstrução do texto como um sistema uniforme, estável e abstrato.
   ( ) Os fatores de textualidade são amplamente explorados na fase da teoria do texto.

   Agora, assinale a alternativa que corresponde à sequência correta:
   a. F, F, V, F, V, F.
   b. F, V, F, F, V, V.
   c. F, V, V, F, V, V.
   d. V, V, V, F, V, V.
   e. V, F, V, F, V, F.

2. Marque 1 para as afirmações correspondentes à fase transfrástica, 2 para as que se referem à fase das gramáticas textuais e 3 para as relacionadas à fase da teoria do texto.
   ( ) Predominam estudos sobre um conjunto finito de regras, compartilhado pelos usuários de dada língua, que os capacita a reconhecer um conjunto de frases como um texto.

(   ) O texto é uma sequência coerente de enunciados.
(   ) Predominam estudos sobre os fatores de textualidade, isto é, sobre os fatores que fazem com que um texto seja um texto.
(   ) Pela primeira vez, o texto assume o papel de objeto central da linguística.
(   ) Para o estabelecimento do sentido no texto, é considerado, pela primeira vez, o contexto de produção (pragmático).
(   ) A frase é considerada uma unidade de composição do texto.

Agora, assinale a alternativa que corresponde à sequência correta:

a. 2, 1, 3, 2, 3, 1.
b. 1, 1, 3, 2, 2, 1.
c. 1, 2, 3, 2, 3, 1.
d. 2, 1, 3, 2, 1, 2.
e. 2, 3, 1, 1, 2, 1.

3. Relacione o nome da metarregra ao respectivo conceito.
I. Metarregra de repetição
II. Metarregra de progressão
III. Metarregra de não contradição
IV. Metarregra de relação
(   ) Para que uma sequência ou um texto seja coerente, é preciso que os fatos que se denotam no mundo representado estejam relacionados.
(   ) Para que um texto seja microestruturalmente e macroestruturalmente coerente, é preciso que haja, em seu desenvolvimento, uma contribuição semântica constantemente renovada.

( ) Para que um texto seja microestruturalmente e macroestruturalmente coerente, é preciso que tenha, em seu desenvolvimento linear, elementos de recorrência estrita.

( ) Para que um texto seja microestruturalmente ou macroestruturalmente coerente, é preciso que, em seu desenvolvimento, não se introduza elemento semântico algum que contradiga um conteúdo posto ou pressuposto por uma ocorrência, ou deduzível desta por inferência.

Agora, assinale a alternativa que corresponde à sequência correta:
a. I, II, IV, III.
b. IV, II, I, III.
c. IV, I, II, III.
d. IV, II, III, I.
e. III, II, I, IV.

4. Sobre os fatores de textualidade, assinale a afirmativa correta:
a. A intencionalidade diz respeito aos modos de estabelecimento de relação harmônica entre as partes do texto. Trata-se da manifestação linguística da coerência.
b. Um texto será considerado coeso apenas se as relações construídas nele respeitarem uma lógica, ou seja, se estabelecerem um sentido compatível com os conhecimentos do leitor/ouvinte.
c. A informatividade diz respeito à adequação dos aspectos textuais à situação sociocomunicativa.

d. A situacionalidade só garante a coerência de um texto se houver um equilíbrio entre as informações previsíveis e as informações totalmente novas.

e. A aceitabilidade refere-se à disponibilidade do receptor (leitor) reconhecer/aceitar a manifestação de linguagem apresentada como apropriada para a situação de comunicação em que se materializa.

5. A frase "A corrupção é maior problema do Brasil. Porém, não é o principal, o maior deles é a falta de investimentos na educação" fere prioritariamente a:

a. metarregra de repetição.
b. metarregra de progressão.
c. metarregra de não progressão.
d. metarregra de relação.
e. metarregra de não contradição.

Atividades de aprendizagem

Questões para reflexão

1. Quais, para você, foram as razões que impulsionaram a transição de uma fase da linguística textual para a outra e por que isso foi importante no avanço dos estudos linguísticos?

2. Como você considera que a abordagem pragmática e a cognitivista contribuíram para a configuração atual da linguística textual? Por quê?

Atividades aplicadas: prática

1. Quanto aos estudos da fase transfrástica, indique qual é a relação de sentido presente entre as frases a seguir, apesar de não haver conectores:
    + Ele não estudou muito. Tirou boa nota.
    + Não iria a sua festa. Terei outro compromisso.
    + Trabalhou o dia todo. Estudou à noite.
    + Choveu muito. Os bueiros estão transbordando.

2. Com base nas metarregras de Charolles (2002), reescreva as frases a seguir:
    + Metarregra de repetição – João foi ao teatro acompanhando sua namorada. João gostou muito da nova experiência.
    + Metarregra de progressão – O garoto quebrou a perna. O menino fraturou a perna.
    + Metarregra de não contradição – O aluno achou os exercícios fáceis, por isso considerou impossível entregar na data.
    + Metarregra de relação – Ele foi convidado para a festa. Não compareceu.

um	Aspectos históricos
dois	Percurso da linguística textual
# **três**	**Evolução do conceito de *texto***
quatro	Coesão e coerência
cinco	Ambiguidade, humor, ironia: efeitos de sentidos
seis	Análise de textos na perspectiva da linguística textual

❡ NOS CAPÍTULOS 1 E 2 desta obra, fizemos a apresentação do trajeto histórico e a exposição das fases da linguística textual. Esse conteúdo foi a base para que você perceba que os conceitos de *texto*, *discurso* e *gênero de texto*, ao longo do processo evolutivo dessa área de pesquisa, não foram construções estáveis, lineares e permanentes. Ao contrário, tais conceitos são marcados pela manifestação de diferentes formas de ver os mesmos objetos, em uma espécie de negociação.

Por isso, o conceito de *texto* é muito caro para a linguística textual, haja vista que, à medida que ele foi sendo moldado, também a disciplina foi sendo concebida. Logo, apresentar a definição mais atual de *texto*, mesmo que devidamente contextualizada, não contemplaria toda a complexidade que envolve tal conceito. Por isso, depois de problematizar a constituição do campo e seus objetivos (capítulos anteriores), optamos por aprofundar aqui nossa análise, especialmente sobre o conceito de *gênero de texto*, já que dele depende a atual abordagem dos estudos do texto.

Vale reiterar que esses conceitos "caminham" paralelamente. Em alguns momentos, assumem posições distintas; em outros, no entanto, são empregados como sinônimos. O importante, neste ponto, é compreender que o conceito de *texto* como objeto de investigação, durante o percurso da linguística textual, manteve uma progressão caracterizada pela ampliação de seus limites e, por isso, a nova área de investigação buscou – e ainda busca – adequações teóricas e metodológicas para dar conta da nova configuração. É, portanto, a visão sobre o objeto de pesquisa que tem determinado, de um lado, o próprio objeto e, de outro, consequentemente, a área de pesquisa e seus objetivos.

trêspontoum
Texto, discurso e gênero

No capítulo anterior, quando indicamos a antiga retórica como uma precursora da linguística textual, fundamentados em Fávero e Koch (2008), ressaltamos tal primazia pela relevância dos estudos das operações linguísticas (nível micro) e dos estudos sobre a localização do texto no processo de comunicação (nível macro). No entanto, na ocasião, faltou apontar a condição em que a retórica nasceu, ou seja, o momento em que os limites territoriais eram comumente estabelecidos em disputas entre oradores em um júri.

Esse contexto nos permite afirmar que uma motivação econômica (ligada às disputas de terra) deu início aos estudos do texto. Buscava-se, conforme Aristóteles, compreender os recursos empregados para a persuasão. Dessa forma, constata-se o reconhecimento de uma função social atrelada à organização interna e formal do texto. Para nós, há claramente a gênese (início) do reconhecimento de uma estrutura linguística material (texto) atrelada ao uso (discurso) e organizada de forma específica e socialmente reconhecida (gênero) (Fávero; Koch, 2008).

A estilística, outra precursora igualmente abordada no capítulo anterior, à medida que buscava explicar se o uso de determinado elemento no texto era uma opção do autor ou uma exigência da gramática do texto, apresentou o texto de forma diferente: de um lado, como um objeto sujeito às escolhas ativas do autor, de outro, sujeito às imposições de um sistema de regras previamente estabelecidas.

Os formalistas russos, ainda segundo Fávero e Koch (2008), iniciaram os estudos do discurso, como também afirmamos anteriormente. Claro que houve um redirecionamento: o texto passou a ser visto como uma estrutura fechada submetida às próprias regras. As pesquisadoras ainda citam o fato de Sklovsky e Jakobson introduzirem, em seus estudos, o princípio da imanência, que, em outras palavras, é analisar o texto segundo seus aspectos exclusivamente internos.

Como é possível observar, mesmo antes do nascimento da linguística textual como área de estudo do texto, havia uma preocupação em definir *texto*, apesar de este não ocupar o lugar de objeto de estudos.

Posteriormente, no momento reconhecido como início dos estudos sobre o tema, na fase transfrástica, aquela em que predominavam pesquisas sobre a relação entre as frases, o texto era o resultado da organização interna do material linguístico. Isso, em outras palavras, quer dizer que o objeto *texto* era caracterizado pela adequada combinação entre palavras dentro de uma frase e da relação igualmente adequada desta com outras frases, tudo isso no limite material (linguístico) do próprio texto. Tratava-se de uma unidade linguística fechada, pronta e acabada, cujos significados só poderiam ser alcançados (compreendidos) no próprio texto. As lacunas de uma frase, acreditavam os pesquisadores, eram preenchidas com informações presentes em outras frases do texto. Então, nesse raciocínio, se uma lacuna não era satisfatoriamente preenchida dentro dos limites do texto, não havia uma sequência coerente.

Observe a sequência de frases a seguir:

> O aluno chegou atrasado, não entrou na sala e assistiu a toda a aula.

Isoladamente, essas frases apresentam aspectos sintáticos e semânticos correspondentes aos paradigmas da língua. Há, apesar das elipses da expressão *o aluno* nas duas últimas frases, o preenchimento das posições de sujeito, verbo e complemento em todas elas. A escolha vocabular não compromete o sentido de nenhuma das frases. De acordo com os estudiosos para os quais a frase era a unidade de análise, portanto, nada há que as desqualifique como texto.

Os estudiosos que consideram a existência de outras frases e, sobretudo, a ligação entre elas, ponderariam dois aspectos: o primeiro diz respeito à compreensão de um elemento embasado na retomada de outro elemento de fora dos limites da frase. Isto é, no exemplo anterior, só é possível saber quem realiza as ações das duas últimas frases com a retomada do sujeito da primeira. Como há uma relação lógica nessa retomada, os pesquisadores considerariam as frases como um texto, já que foi estabelecida uma sequência de retomadas que não causa prejuízo para a compreensão do todo.

No entanto, para esses mesmos estudiosos, ao analisar o segundo aspecto, há um problema. Vejamos: entre a primeira e a segunda frase há uma lógica, afinal é comum um aluno chegar atrasado e, por isso, não entrar na sala. Mas, por outro lado, se o aluno não entrou na sala, como ele poderia ter assistido à aula?

O conectivo *e*, empregado para ligar as duas últimas orações, no nosso entender, dá continuidade à apresentação da enumeração das ações do aluno. A primeira ação (chegar atrasado) é separada por vírgula da segunda ação (não entrar na sala), que, conforme a prescrição gramatical, pode ser separada da terceira ação (assistir à aula) pelo conectivo *e*, finalizando assim a curta enumeração de ações. O problema está no fato de que não há elementos suficientes, no texto, para estabelecer uma correspondência lógica entre as duas últimas ações, o que faz o conectivo *e* soar estranho. Isso, para os pesquisadores dessa fase, era suficiente para constituir um **não texto**.

É, portanto, a adequação entre as frases que vai determinar o que é texto e o que não é. Vale pontuar que a adequação das ligações entre as frases é alcançada exclusivamente pela submissão à língua como um sistema de regras.

Essa visão de que o texto é uma unidade resultante do jogo associativo (retomadas e avanços) entre os elementos que compõem as frases – quando um elemento só pode ser compreendido com base na referência (retomada) a outro elemento constituinte de outra frase – é amplamente explorada pelos pesquisadores, entre eles, Weinrich (1964, citado por Fávero; Koch, 2008, p. 46), que afirma:

> Um texto é, sem dúvida, uma totalidade em que tudo está relacionado. As orações seguem-se umas às outras numa ordem lógica, de forma que cada oração entendida ajuda a compreensão orgânica da seguinte. De outra parte, a oração seguinte, quando entendida, influi sobre a compreensão da precedente, de forma que esta se entende melhor quando se volta a pensar nela.

Portanto, há uma preocupação demasiada com os aspectos formais, isto é, um forte buscar pela descrição interna dos processos coesivos que os pesquisadores da época acreditavam que garantia o sentido lógico do texto (coerência) e, consequentemente, a condição de texto. O texto, dessa forma, no modelo dos estruturalistas, continuava sendo considerado um sistema de regras, embora tenha ampliado seus limites do interior da frase para a relação com as frases que a precedem e a sucedem.

No segundo momento da linguística textual, a fase das produções das gramáticas textuais, houve, de acordo com Marcuschi (1999), uma primeira tentativa de postular o texto como objeto de pesquisa. No entanto, apesar da transposição dos limites linguísticos (matérias) do texto impulsionada pelo reconhecimento da participação ativa dos leitores, ainda assim predominava a ideia de que o texto poderia ser descrito com base nas propriedades abstratas da língua, ou seja, o texto ainda era visto como uma unidade uniforme, pronta, acabada. O discurso, por sua vez, em sentido oposto, era considerado funcional e comunicativo.

A nova perspectiva, por assim dizer, instaurou-se com base no entendimento de que não há uma continuidade entre frase e texto, ou seja, não se trata de uma questão de juntar unidades menores para compor algo maior (quantidades), mas sim de sentidos que, independentemente do tamanho, organizam-se para compor o todo. Sobre isso, Lang (1972) afirma que o texto é um todo diferente da soma das partes.

Dessa forma, o texto passou a ter um *status* superior ao da frase e, portanto, o modo de análise, nesse segundo momento da linguística textual, tornou-se invertido: passou-se a considerar que, pela segmentação do texto, é possível alcançar as unidades menores, as frases.

Reapresentamos a frase, que nos serviu de base para a discussão do conceito de *texto* na fase transfrástica, para que você possa observar que não há mudança de objeto, mas sim no modo de olhá-lo.

> O aluno chegou atrasado, não entrou na sala e assistiu a toda a aula.

Como já afirmamos, na fase da produção das gramáticas textuais, o texto continuou sendo visto como uma unidade linguística fechada submetida às regras de um sistema igualmente limitado. A diferença entre a primeira e a segunda fases consiste no fato de que, na primeira (fase transfrástica), julgava-se que o *status* de texto é garantido pela adequação das relações estabelecidas; já na segunda (gramáticas do texto), considerava-se que o que garante a condição de texto é a competência do falante.

Assim, no conjunto de frases reapresentado, o que determina a lógica não é mais a boa ou a má ligação entre as frases, mas a competência intuitiva do falante para reconhecer as frases como um texto coerente ou incoerente. O texto, dessa forma, passou a ser considerado uma unidade mais elevada do que a frase submetida à condição de "análise" do falante.

Bentes (2006) postula que, tanto na primeira fase quanto na segunda, o texto era visto, sobretudo, como uma unidade definida com base na organização do material linguístico. Para a autora, isso quer dizer que havia duas possibilidades: ou era apresentada uma sequência linguística coerente que assegurava a condição de texto; ou uma sequência linguística incoerente em si, portanto, um **não texto**.

Ainda segundo a pesquisadora, a definição de *texto* de Stammerjohann (1975, citado por Bentes, 2006, p. 253, grifo do original) representa adequadamente o período que compreende a primeira e a segunda fases: "O termo *texto* abrange tantos textos orais, como textos escritos que tenham extensão mínima dois signos linguísticos, um dos quais, porém, pode ser suprido pela situação, no caso de textos de uma só palavra, como 'Socorro!', sendo sua extensão máxima indeterminada".

Outra alteração significativa, não no objeto, mas no modo de ver o objeto, ocorreu na terceira fase da linguística textual. Dessa vez, foi o **contexto** que passou a direcionar o novo olhar. O texto, finalmente, deixou de ser uma unidade fechada em si mesma e começou a figurar como um processo resultante de outras operações comunicativas. O texto não era mais descrito com base nas relações interfrasais ou por uma condição de um falante idealizado, mas pelos seus modos de funcionamento em contextos reais de circulação. Foram consideradas, pela primeira vez, as condições externas ao texto.

Como, então, os pesquisadores dessa fase analisariam a frase que nos tem servido de unidade de análise?

> O aluno chegou atrasado, não entrou na sala e assistiu a toda a aula.

Sem o conhecimento acerca das circunstâncias de produção da frase, não há muito a acrescentar desde a última reflexão. No entanto, com a apresentação da cena comunicativa, é possível julgar como coerente ou não esse conjunto de frases.

Imaginemos que, hipoteticamente, tais frases tenham sido proferidas em uma circunstância em que o aluno chega em uma escola comum, como as que estamos habituados a ver, não consegue entrar na sala de aula porque é regra da escola que alunos atrasados esperem a próxima aula e, por isso, ele acessa o *site* da escola, no qual as aulas são todas disponibilizadas e, dessa forma, assiste à aula.

Nesse sentido, o conjunto de frases que, para os pesquisadores das fases anteriores, não constituiria uma unidade de sentido, passa a ter um sentido aceitável com o conhecimento do contexto, das condições em que foi produzido. É o conhecimento compartilhado pelos interlocutores sobre a disponibilidade de um sistema informatizado de acesso às aulas que permite que o conjunto de frases seja compreendido como um dos elementos no processo comunicativo.

O conceito de *texto*, dessa forma, rompeu as barreiras e os limites do registro físico (escrito) e passou a considerar também elementos exteriores, pertencentes à situação de comunicação.

Essa última ampliação do conceito está relacionada também à influência de várias outras áreas do conhecimento, entre elas, como veremos na sequência: pragmática, cognição e interacionismo.

trêspontodois
Contribuições da pragmática para o conceito de *texto*

A pragmática contribuiu significativamente para a ampliação do conceito de *texto*, já que seu objetivo é investigar a constituição, o funcionamento, a produção e a compreensão dos textos. Impulsionou, portanto, a alteração desse conceito à medida que se afastava da definição de *texto* como um produto fechado, imutável, cuja interpretação dependia exclusivamente de elementos registrados no interior do texto, e passava a considerá-lo uma atividade complexa, cuja compreensão, opostamente, não dependia exclusivamente de sua materialidade, mas da situação comunicativa como um todo.

Como já pontuamos, a partir da corrente da filosofia da linguagem da teoria dos atos de fala (Austin, 1965; Searle, 1979), os textos deixaram de ser apenas descrições de fatos verdadeiros ou falsos para ter sua *performance* reconhecida.

Mais uma vez, reapresentamos a frase que nos tem servido de unidade de análise:

> O aluno chegou atrasado, não entrou na sala e assistiu a toda a aula.

A pragmática buscaria compreender como as relações de sentido são produzidas, quais são as intenções do autor, como os sentidos são recebidos e que ações e reações eles provocam, enfim, elementos que nem sempre estão explicitados na materialidade do texto, que não foram registrados fisicamente. Em outras palavras, a pragmática se ocuparia de explicar o que faz com que o texto seja, por exemplo, uma propaganda de uma escola dizendo que, apesar de ter perdido a aula fisicamente, o aluno não será prejudicado, pois terá acesso ao conteúdo de outra maneira; ou, então, de que forma o texto poderia funcionar como a dispensa da reposição da aula, por parte da professora, uma vez que o aluno já teve acesso a ela.

Por meio dessa abordagem, os pesquisadores observaram que o modo como os textos são recebidos nem sempre corresponde às intenções dos autores. É claro que, algumas vezes, esse recurso é utilizado propositalmente, como no contexto da ditadura militar no Brasil, quando as letras das músicas eram produzidas com uma intenção, mas tinham que ser "mascaradas" para não serem proibidas pela censura. Um exemplo é a brilhante associação que Chico Buarque, em parceria com Gilberto Gil, fez entre *cálice* (registro escrito) e *cale-se* (pronúncia) na música *Cálice* (Buarque; Gil, 1978).

É claro que, apenas com o registro escrito em mãos, a letra da música viabiliza a interpretação de *cálice* como a taça usada nas cerimônias religiosas, mas também remete à frase que Jesus fala antes de ser crucificado, "Pai, se queres, afasta de mim este cálice" (Bíblia. Lucas, 2019, 22: 42). Por derivação desse sentido, no *Dicionário eletrônico Houaiss*, encontramos *cálice* também como "experiência dolorosa, de provação, sofrimento ou humilhação"

(IAH, 2019). No entanto, a letra divulgada em forma de música certamente leva o ouvinte a outra interpretação, ou seja, ao verbo *calar*. Para o mesmo objeto, há a aceitabilidade de diferentes maneiras, de acordo com as características das cenas comunicativas.

O conceito de *texto*, portanto, não se restringe ao aparato material, disposto na superfície, mas na própria situação de comunicação como "um instrumento de realização de intenções comunicativas e sociais do falante" (Koch, 2015, p. 14).

trêspontotrês
Contribuições da cognição para o conceito de *texto*

A consciência acerca dos modos diferentes de recebimentos do mesmo objeto (texto) levou os pesquisadores da época à outra abordagem. Na década de 1980, os pesquisadores ponderaram que, para interpretar um texto, os interlocutores acionam conhecimentos de ordem cognitiva. Isto é, para atribuir significado a dada manifestação de linguagem, os interlocutores se utilizam de conhecimentos anteriormente adquiridos ou vivenciados. Só foi possível, por exemplo, estabelecer a relação entre o substantivo *cálice* e o imperativo *cale-se* porque, hoje, temos o conhecimento, por alguns vivenciados e por outros adquiridos (pesquisas, aulas, leituras etc.), do que foi o regime ditatorial no Brasil e, consequentemente, como as manifestações artísticas eram cerceadas. Se não tivéssemos essas informações, provavelmente não seria possível a associação entre o termo *cálice*, objeto usado em rituais religiosos, e *cale-se*, uma imposição ao silêncio. A música apresentaria apenas uma possibilidade de leitura ou, então, seria necessária a ativação de outros conhecimentos que justificassem a nova leitura.

O conceito de *texto*, nessa nova perspectiva, passou a figurar como o resultado de processos mentais, isto é, as pessoas, para compreender um texto, acionam uma espécie de bagagem de conhecimentos adquiridos ao longo da vida e de ordens variadas: cultural, enciclopédico, linguístico, interacional. Mais uma vez, portanto, os sentidos do texto extrapolam os registros materiais.

O texto é definido, nesse cenário, com base nos critérios de textualidade apresentados por Beaugrande e Dressler (1981), como já informamos no capítulo anterior. São esses os fatores que determinam que um conjunto de frases seja um texto.

trêspontoquatro
Contribuições do interacionismo para o conceito de *texto*

O interacionismo, ao postular o texto como o próprio lugar da interação, atribuiu aos sujeitos desse processo a condição de atores ativos na construção dos sentidos. O texto, dessa forma, passou a figurar como um construto coletivo que materializa a ação comunicativa, ou seja, é o registro concreto de um processo de interação entre sujeitos.

Mais uma vez, vamos usar a frase que tem servido de base para nossas reflexões, não por falta de criatividade, mas para que você possa observar o alcance da contribuição de cada uma das áreas citadas. Esperamos, com isso, facilitar o reconhecimento das fronteiras teóricas e práticas.

> O aluno chegou atrasado, não entrou na sala e assistiu a toda a aula.

Como vimos anteriormente, ao tratar das contribuições da pragmática e da cognição para a construção de qualquer sentido que se possa atribuir à frase anterior, é importante considerar a situação comunicativa e os próprios interlocutores. O interacionismo, sem desconsiderar esses elementos, pontua que tanto o texto (frase) quanto os sujeitos envolvidos na comunicação (quem produziu e quem recebeu a frase) são constituídos no próprio processo interativo. Isso revela a imagem identitária de quem produziu a frase e vai construir-se com base na própria frase. Concomitantemente, a frase será concebida conforme os sujeitos que a produziram.

Consideremos, agora, a adaptação da frase. Observe:

> O aluno chegou atrazado, não entrou na sala mais assistiu toda a aula.

É bem provável que a imagem da escola, nessa nova apresentação da mesma frase, sofra uma alteração significativa.

É esperado, pela nossa sociedade, que uma instituição de ensino tenha domínio das regras mais formais dos registros escritos. Quando isso não acontece, o natural é colocar sob julgamento a qualidade do trabalho prestado pelo estabelecimento. Foi, portanto, o texto que ativamente caracterizou o sujeito que produziu a frase, ou seja, a grafia equivocada da palavra *atrasado*, o emprego do *mais* no lugar de *mas* e a falta do artigo *a* na construção *assistiu toda a aula* colaboram para a construção negativa da imagem da escola.

> É esperado, pela nossa sociedade, que uma instituição de ensino tenha domínio das regras mais formais dos registros escritos.

O outro sujeito presente no processo interativo é igualmente caracterizado, pois a crítica à qualidade dos trabalhos oferecidos pela escola só se efetiva caso o leitor da frase seja capaz de reconhecer as inadequações quanto ao emprego formal da língua. Trata-se de um sujeito que domina o sistema formal de escrita e, por isso, reconhece e requer seus direitos por meio da escrita, ou de um sujeito que pouco domina o código escrito e, consequentemente, não atua conscientemente sobre os textos aos quais tem acesso?

Há, como é possível observar, uma reciprocidade entre os sujeitos envolvidos na comunicação. Um age ativamente sobre o outro, um só tem sua existência garantida com o reconhecimento do outro, suas especificidades só existem no confronto com o outro. Isso nos leva a crer que, apesar de estar em uma situação comunicativa determinada (estudos pragmáticos) e deter conhecimentos e experiências individuais (estudos cognitivistas), sem o reconhecimento do outro (estudos interacionistas), os sujeitos não se revelam.

O texto, portanto, é a manifestação concreta da interação entre os sujeitos. Por isso mesmo, apresenta características correspondentes àquela situação comunicativa. Na frase que exploramos, a falta de conhecimento sobre as regras de uso formal da língua são materializadas no próprio texto.

Na Figura 3.1, você pode observar como o conceito de *texto* foi, ao longo do processo, evoluindo e ampliando seus limites.

FIGURA 3.1 – EVOLUÇÃO E AMPLIAÇÃO DO CONCEITO DE *TEXTO*

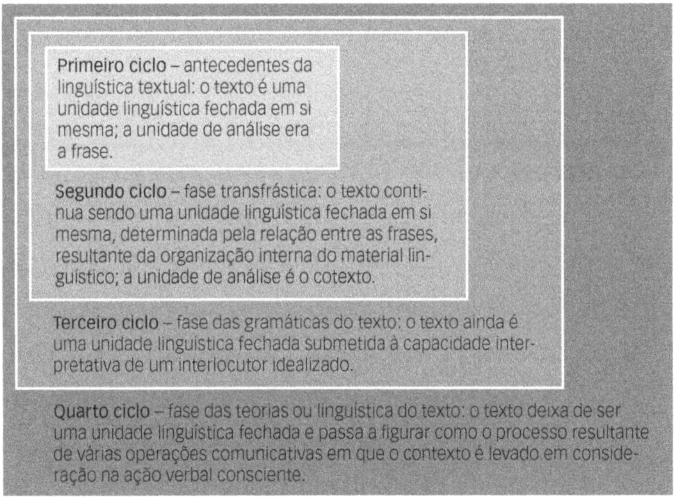

> **Primeiro ciclo** – antecedentes da linguística textual: o texto é uma unidade linguística fechada em si mesma; a unidade de análise era a frase.
>
> **Segundo ciclo** – fase transfrástica: o texto continua sendo uma unidade linguística fechada em si mesma, determinada pela relação entre as frases, resultante da organização interna do material linguístico; a unidade de análise é o cotexto.
>
> **Terceiro ciclo** – fase das gramáticas do texto: o texto ainda é uma unidade linguística fechada submetida à capacidade interpretativa de um interlocutor idealizado.
>
> **Quarto ciclo** – fase das teorias ou linguística do texto: o texto deixa de ser uma unidade linguística fechada e passa a figurar como o processo resultante de várias operações comunicativas em que o contexto é levado em consideração na ação verbal consciente.

Até aqui, esperamos que a repetição da frase e de suas adaptações tenham contribuído para que você perceba que tanto os textos como os sujeitos, na perspectiva interacionista, só se estabelecem no momento mesmo da interação. Desvincular um do outro é realizar um exercício de afastamento da realidade comunicativa. Nessa trajetória, a negociação teórica não se restringe ao conceito de *texto*. O conceito de *discurso* também entra em pauta.

3.4.1 Texto e discurso

Como já dissemos anteriormente, frequentemente as palavras *texto* e *discurso* são usadas como sinônimos, mas é mais comum que elas façam referência a manifestações linguísticas diferentes. Podemos explicar essa confusão, em parte, porque, em algumas línguas, como o alemão e o holandês, não existe a expressão *discurso*. Além disso, nas línguas em que as duas expressões coexistem, inicialmente não houve delimitação clara entre os conceitos.

Para elucidar a questão, Fávero e Koch (2008) apontam a distinção estabelecida por Van Dijk (1972), para quem o discurso é uma unidade constituída pela interpretação que se faz ao ver ou ouvir uma enunciação; já o texto é uma unidade teoricamente construída. Apesar dessas definições, as autoras postulam que a distinção entre *texto* e *discurso* não é exatamente pacífica, pois as expressões ainda são empregadas diferentemente em pesquisas distintas. Essa distinção justifica os limites entre uma gramática de texto e uma teoria do discurso. A primeira deveria ocupar-se dos estudos das propriedades gramaticais do discurso; a segunda, mais ampla, incluiria a linguística textual, a estilística, a retórica etc. (Fávero; Koch, 2008).

> Então, para a **análise do discurso**, o texto seria a manifestação verbal. O discurso, por seu turno, é mais amplo, pois "engloba tanto os enunciados pertencentes a uma mesma formação discursiva como as suas condições de produção" (Fávero; Koch, 2008, p. 26).

As pesquisadoras concluem, com base nas postulações anteriores, que *texto* e *discurso* são fenômenos distintos, mas ressaltam a ligação entre eles.

> *É lícito concluir, portanto, que o termo texto pode ser tomado em duas acepções: texto, em sentido lato, designa toda e qualquer manifestação da capacidade textual do ser humano (quer se trate de um poema, quer de uma música, uma pintura, um filme, uma escultura etc.), isto é, qualquer tipo de comunicação realizado através de um sistema de signos. Em se tratando da linguagem verbal, temos o discurso, atividade comunicativa de um falante, numa situação de comunicação dada, englobando o conjunto de enunciados produzidos pelo locutor (ou por este e seu interlocutor, no caso do diálogo) e o evento de sua enunciação. O discurso é manifestado, linguisticamente, por meio de textos (em sentido estrito). Neste sentido, o texto consiste em qualquer passagem, falada ou escrita, que forma um todo significativo, independente de sua extensão. Trata-se, pois, de uma unidade de sentido, de um contínuo comunicativo contextual que se caracteriza por um conjunto de relações responsáveis*

pela tessitura do texto – os critérios ou padrões de textualidade, entre os quais merecem destaque especial a coesão e a coerência. (Fávero; Koch, 2008, p. 26)

Para nós, a distinção entre *texto* e *discurso*, embora ainda nebulosa, confirma a necessidade de considerar não apenas os limites materiais impostos pelos registros fisicamente marcados, mas também os elementos que influenciam diretamente a produção e a recepção dos sentidos. Assim, os textos passam a ser pesquisados inclusive como práticas sociais, isto é, entram em cena os estudos sobre os gêneros textuais. Para os pesquisadores, os gêneros textuais, *grosso modo*, são modelos de texto socialmente organizados para atender a uma demanda comunicativa.

3.4.2 Gênero e tipo textual

Vamos iniciar nosso aprofundamento sobre gênero textual com um exemplo: tenha em mente o artigo científico. Sua experiência com leitura de textos acadêmicos provavelmente permite que você reconheça certa similaridade entre os materiais a que já teve acesso. Há uma aproximação formal, ou seja, eles seguem uma estrutura de apresentação, com itens obrigatórios, em uma linguagem específica. Tudo isso a serviço da divulgação científica.

Se não houvesse essa organização formal e cada pesquisador seguisse seu próprio instinto para criar um meio de divulgar sua pesquisa, talvez até conseguisse algum resultado, mas o esforço para atingir o mesmo objetivo seria bem maior. De acordo com Bakhtin (2011, p. 283), "se os gêneros do discurso não existissem e nós não os dominássemos, se tivéssemos de criá-los pela primeira vez no processo do discurso, de construir livremente e pela primeira vez cada enunciado, a comunicação discursiva seria quase impossível".

Não restam dúvidas de que seria muito mais difícil localizar um artigo que satisfizesse suas necessidades acadêmicas caso os pesquisadores, cada um ao seu modo, escrevessem seus textos, alguns colocando o resumo no final, outros não colocando, ou ainda outros diluindo o resumo na apresentação dos dados, não é mesmo? O resumo, nesse contexto, também serve para ofertar uma visão geral (tema da pesquisa, metodologia aplicada, autores consultados, linha teórica percorrida) e, por isso, é facilmente localizável no início dos trabalhos, possibilitando, assim, uma leitura prévia.

> O gênero textual, portanto, tem a função de organizar a vida em sociedade, viabilizando a comunicação. Os mais diferentes espaços têm seus gêneros textuais específicos que atendem à demanda comunicativa daquele ambiente, por exemplo: petição judicial, boletim escolar, prontuário médico etc. Existem, é claro, aqueles com circulação mais ampla e de conhecimento mais generalizado, como: propaganda, *outdoor*, piada etc.

A forma organizacional do texto, embora seja muito importante – de maneira alguma pode ser negada sua relevância –, em alguns casos não é a responsável pela constituição do gênero. Como vimos, a demanda social e a necessidade comunicativa também podem moldar o gênero. De acordo com Marcuschi (2007, p. 21), é bom salientar que embora os gêneros textuais não se caracterizem nem se definam por aspectos formais, sejam eles estruturais ou linguísticos, e sim por aspectos sociocomunicativos e funcionais, isso não quer dizer que estejamos desprezando a forma. Pois é evidente, como se verá, que em muitos casos são as formas que determinam o gênero e, em outros tantos, serão as funções.

Como a comunicação é uma necessidade humana, o ser humano, ao longo dos tempos, foi desenvolvendo modelos textuais de acordo com suas necessidades para organizar a vida em sociedade. Os gêneros textuais, dessa forma, fazem parte do cotidiano de todos nós. Se existe comunicação, há gênero textual.

A comunicação, portanto, só se efetiva com base nos gêneros textuais. Produzimos gêneros textuais a todo momento e os usamos com tanta naturalidade que não nos damos conta disso. Pela manhã, ao levantarmos, assim que realizamos as primeiras práticas comunicativas, já estabelecemos contato direto com gêneros textuais, como os do universo da oralidade: cumprimento, despedida, narração de um sonho, orientação de tarefas diárias etc. Também entramos em contato com gêneros do universo escrito, como bilhete, notícia, artigo de opinião, histórias em quadrinhos, entre tantos outros. Se continuássemos, a lista seria imensa e, ainda assim, não esgotaríamos as possibilidades. Os gêneros textuais são tantos quantas são as atividades comunicativas humanas – incontáveis.

> Os gêneros textuais, dessa forma, fazem parte do cotidiano de todos nós. Se existe comunicação, há gênero textual.

> **Preste atenção!**
>
> + **Gêneros orais** – São aprendidos naturalmente no convívio, nas situações cotidianas, por meio da observação, da imitação, de testes etc.
> + **Gêneros escritos** – Requerem instruções formais mais específicas.

Por esse motivo, a escolarização de todo e qualquer indivíduo deve ser assegurada, pois é ela que vai garantir a participação consciente dos sujeitos no maior número de práticas comunicativas. Para Bakhtin (2011, p. 285):

> *Quanto melhor dominamos os gêneros tanto mais livremente empregamos, tanto mais plena e nitidamente descobrimos neles a nossa individualidade (onde é possível e necessário), refletimos de modo mais flexível e sutil a situação singular da comunicação; em suma, realizamos de modo mais acabado o nosso livre projeto de discurso.*

O percurso histórico dos gêneros textuais confunde-se com a história da humanidade, pois, à medida que esta vai se desenvolvendo, aqueles vão evoluindo. Podemos observar três grandes ciclos:

1. o primeiro, anterior à invenção da escrita, era caracterizado por um conjunto limitado de gêneros orais;
2. o segundo, após o advento da escrita, permitiu o surgimento de gêneros típicos da escrita;

3. o terceiro, depois da invenção da imprensa e do desenvolvimento da industrialização, foi o responsável pela multiplicação dos gêneros já existentes.

Hoje, certamente, estamos presenciando um novo ciclo, marcado pelas novas tecnologias que, por permitirem uma mistura de elementos semióticos, possibilitam a evolução de alguns gêneros. Por exemplo, uma tirinha veiculada no papel (jornal, revista etc.), se veiculada em computadores, pode ter som e movimento. Trata-se de uma nova configuração para o mesmo gênero, cheia de novas possibilidades.

Essa constatação nos faz retomar a categorização dos gêneros textuais em *primários* e *secundários* apresentada por Bakhtin (2011). Para o autor, os gêneros secundários, de caráter mais complexo, surgem do convívio cultural mais complexo e, em sua constituição, podem incorporar os gêneros primários, os quais, nesse novo contexto, adquirem caráter especial. Um gênero, portanto, é assimilado por outro.

Ao contrário do que essas últimas explanações podem sugerir, não são as novas tecnologias que geram os "novos" gêneros, mas sim a intensidade de seus usos e a relevância que tais tecnologias têm na sociedade. Por exemplo, se compararmos a carta e o *e-mail*, fica muito claro que um se origina do outro, no entanto, não foi por causa do surgimento dos computadores que essa transmutação aconteceu, mas pelas inúmeras facilidades que o *e-mail* apresenta sobre a carta, entre elas, o custo e o tempo.

Os gêneros mais modernos não são originais em sua essência; são, em linhas gerais, a evolução de outro gênero. A nova configuração social cria demandas atuais de comunicação que, de um modo ou de outro, são viabilizadas pelas novas tecnologias. Essas necessidades comunicativas recentes reorganizam gêneros já estabilizados em um gênero transmutado. Com isso, não estamos afirmando que não existe a possibilidade do surgimento de um gênero genuinamente original; estamos pontuando apenas que tal façanha dependeria de uma necessidade comunicativa igualmente inusitada.

3.4.2.1 Conceitos de *tipo textual* e de *gênero textual*

Nesse ponto, consideramos necessário fazer uma distinção entre os conceitos de *tipo textual* e *gênero textual*, pois, apesar da ampla literatura, alguns autores ainda não tratam a questão de forma muito objetiva. Para isso, citamos, mais uma vez, Marcuschi (2007), que, para fundamentar teoricamente sua posição, aponta as pesquisas de Douglas Biber (1988), John Swales (1990), Jean-Michel Adam (1990) e Jean Paul Bronckart (1999).

> a. *Usamos a expressão tipo textual para designar uma espécie de sequência teoricamente definida pela natureza linguística de sua composição {aspectos lexicais, sintáticos, tempos verbais, relações lógicas}. Em geral, os tipos textuais abrangem cerca de meia dúzia de categorias conhecidas como: narração, argumentação, exposição, descrição, injunção.*
> b. *Usamos a expressão gênero textual como uma noção propositalmente vaga para referir os textos materializados que encontramos em nossa vida diária e que apresentam*

características sociocomunicativas definidas por conteúdos, propriedades funcionais, estilo e composição característica. Se os tipos textuais são apenas meia dúzia, os gêneros são inúmeros. Alguns exemplos de gêneros textuais seriam: telefonema, sermão, carta comercial, carta pessoal, romance, bilhete, reportagem jornalística, aula expositiva, reunião de condomínio, notícia jornalística, horóscopo, receita culinária, bula de remédio, lista de compras, cardápio de restaurante, instrução de uso, outdoor, inquérito policial, resenha, edital de concurso, piada, conversação espontânea, conferência, carta eletrônica, bate-papo por computador, aulas virtuais e assim por diante. (Marcuschi, 2007, p. 22-23, grifo do original)

Imaginamos que, entre outros motivos, o fato de a palavra *tipo* funcionar como sinônimo de palavras pertencentes a campos semânticos muito diversificados – por exemplo: tipos de cachorro (**raça**), tipos de comida (**variedade**), tipos de gente (**etnia**) etc. – tenha colaborado para a confusão que se estabeleceu e que, infelizmente, ainda hoje se mantém nos ambientes de ensino.

A expressão *tipo textual*, como é possível inferir com base na leitura atenta da citação anterior, faz referência a determinada organização formal do texto, com características linguísticas específicas. Existe um número pequeno de tipos textuais, entre eles: narração (**contar**), argumentação (**convencer**), exposição (**apresentar**), descrição (**caracterizar detalhadamente**) e injunção (**ordenar**).

Já os gêneros textuais, como dissemos anteriormente, são modelos histórica e socialmente construídos com uma função social estabelecida. Sua organização formal está ligada à demanda social. Bakhtin (2011, p. 279) conceitua *gênero* como "tipos relativamente estáveis de enunciados".

> Segundo as definições de *tipos* e *gêneros*, podemos afirmar que os tipos têm função específica no texto e fazem parte do plano comunicativo interno. Atendem, portanto, a uma necessidade do gênero. Por outro lado, os gêneros têm uma função externa – social – já que atende a uma demanda comunicativa.

Tomemos como exemplo um artigo de opinião. Apesar de poder incluir mais de um tipo textual, sabemos que o artigo de opinião apresentará predominantemente estratégias argumentativas, não é mesmo? É claro que, à medida que a argumentação vai sendo construída, outros tipos textuais são acionados para fortificar a argumentação. É uma estratégia textual, uma organização dos aspectos linguísticos do texto, como a narração de um fato (tipo narrativo) para justificar ou exemplificar o ponto de vista apresentado. Os tipos textuais, portanto, estão submetidos às estratégias de organização material dos elementos linguísticos do gênero de texto; já os gêneros textuais atendem a necessidades comunicativas.

A seguir, apresentamos a simulação de um *e-mail* para exemplificar nossas reflexões. Confira:

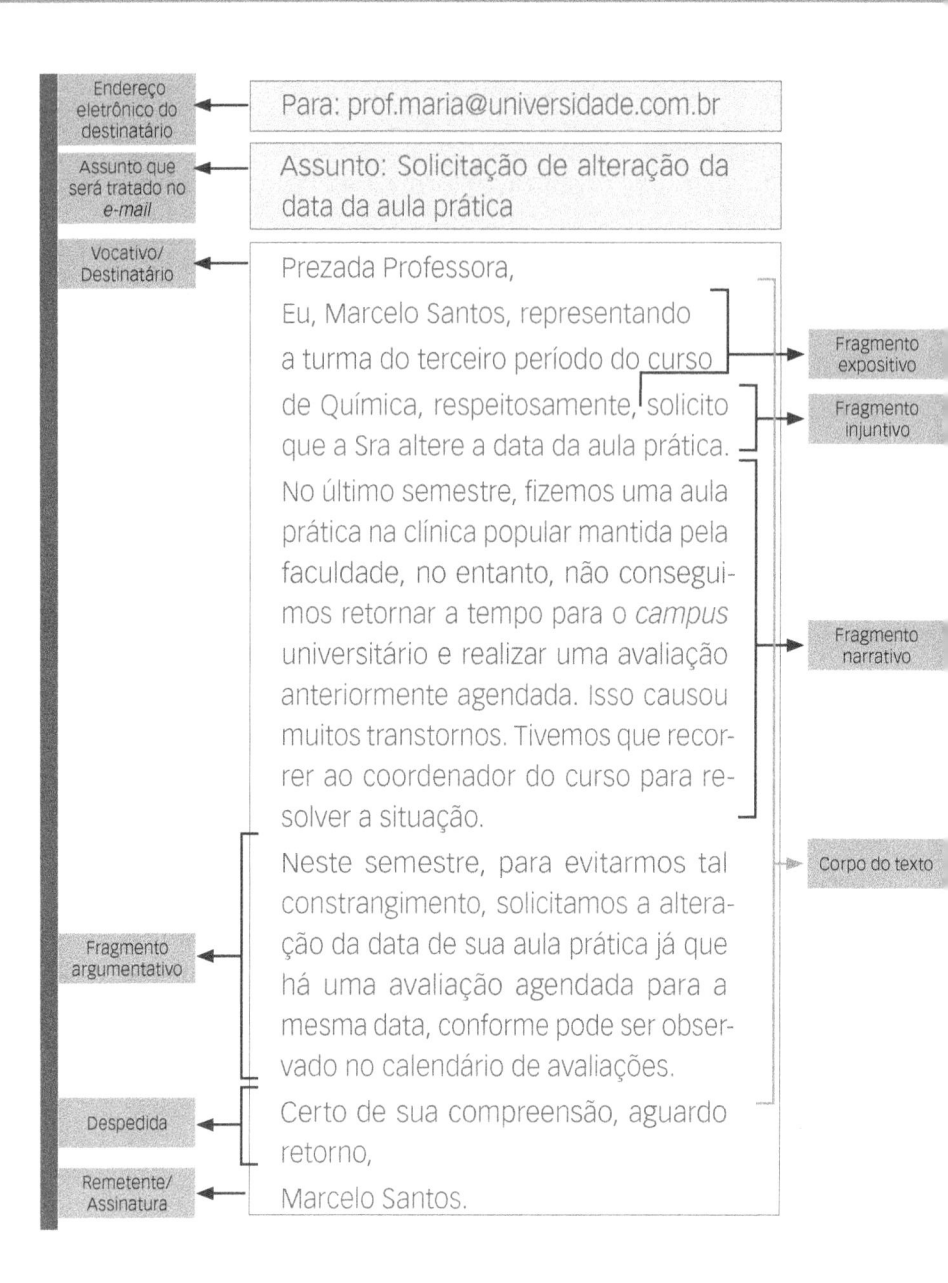

| Endereço eletrônico do destinatário | **Para:** prof.maria@universidade.com.br |

| Assunto que será tratado no *e-mail* | **Assunto:** Solicitação de alteração da data da aula prática |

| Vocativo/ Destinatário | Prezada Professora, |

Eu, Marcelo Santos, representando a turma do terceiro período do curso — *Fragmento expositivo*

de Química, respeitosamente, solicito que a Sra altere a data da aula prática. — *Fragmento injuntivo*

No último semestre, fizemos uma aula prática na clínica popular mantida pela faculdade, no entanto, não conseguimos retornar a tempo para o *campus* universitário e realizar uma avaliação anteriormente agendada. Isso causou muitos transtornos. Tivemos que recorrer ao coordenador do curso para resolver a situação. — *Fragmento narrativo*

(Corpo do texto)

Neste semestre, para evitarmos tal constrangimento, solicitamos a alteração da data de sua aula prática já que há uma avaliação agendada para a mesma data, conforme pode ser observado no calendário de avaliações. — *Fragmento argumentativo*

Certo de sua compreensão, aguardo retorno, — *Despedida*

Marcelo Santos. — *Remetente/Assinatura*

Nessa simulação de *e-mail*, observe a presença de mais de um tipo textual. Para compor o texto, foi empregado um fragmento que expõe, de forma clara, quem é o autor (**fragmento expositivo**). Na sequência, há outro trecho que indica um procedimento, uma ação a ser executada (**fragmento injuntivo**). Motivada por essa indicação, foi empregada também uma justificativa (**fragmento argumentativo**) fundamentada em um fato já ocorrido (**fragmento narrativo**).

Além dessas estratégias de escrita de caráter mais textual, existem outros elementos, ligados mais diretamente à situação comunicativa, que executam uma função comunicativa específica, como: o **endereço eletrônico**, sem o qual o texto não circula; o **assunto**, que antecipa o conteúdo do texto, permitindo ao leitor escolher o momento adequado para realizar a leitura; o **vocativo**, para estabelecer relação direta com o interlocutor; o **corpo do texto**, para viabilizar a circulação do conteúdo comunicado; a **despedida**, para sinalizar o término do assunto; o **remetente/assinatura**, para indicar o autor do texto.

É interessante observar que o *e-mail*, originado com base na carta em um processo evolutivo, manteve alguns elementos obrigatórios da carta e outros optativos, como é o caso, respectivamente, do vocativo e da data/local. O primeiro se mantém no *e-mail* pela necessidade de estabelecer relação direta entre os interlocutores; o segundo, no entanto, pode ser eliminado, já que tal informação fica registrada automaticamente na caixa de entrada de mensagens eletrônicas.

3.4.2.2 Suporte

Outro fator que interfere diretamente na produção e na recepção de sentidos são os meios pelos quais os gêneros são disponibilizados. Convencionou-se, na literatura especializada, chamar de *suporte* o dispositivo que viabiliza a circulação dos gêneros textuais, embora não haja consenso entre os pesquisadores sobre a definição de *suporte* em razão do número elevado de suportes e também a possibilidade de um suporte funcionar como gênero.

O jornal escrito, por exemplo, é um gênero textual ou apenas o suporte no qual a veiculação de vários gêneros é garantida? Não é uma questão simples, no entanto, não é central para nossos estudos. Vamos delimitar o **suporte** como o meio físico mediante o qual os gêneros são colocados à disposição dos usuários da língua. Então, jornal, televisão, rádio, livros, revistas, embalagens, panfletos, entre tantos outros, serão ditos *suportes* sempre que considerados como o espaço em que os gêneros estão dispostos ou, como define Marcuschi (2008, p. 174, grifo do original): "um *lócus* físico ou virtual com formato específico que serve de base ou ambiente de fixação do gênero materializado. Pode-se dizer que suporte de um gênero é uma superfície física em formato específico que suporta, fixa e mostra um texto".

O importante é refletir sobre como os sentidos são modificados quando o gênero é disponibilizado em um ou em outro suporte. Por exemplo, uma notícia veiculada em um jornal escrito tem a clara função de informar o leitor sobre dado acontecimento;

no entanto, essa mesma notícia, apresentada em uma prova de língua portuguesa, muda sua função. No jornal, tem-se claramente o gênero *notícia*; na prova, tem-se, evidentemente, um texto que compõe uma questão, um enunciado de exercício. Segundo Maingueneau (2001, p. 71-72), "uma mudança importante de *mídium* modifica o conjunto de gêneros do discurso".

Apesar de ser o mesmo registro material (texto), não é o mesmo gênero. Logo, o suporte determina, de certa forma, o gênero de texto. Marcuschi (2007, p. 21, grifo do autor), ao tratar da questão, afirma: "Assim, num primeiro momento, podemos dizer que as expressões *mesmo texto* e *mesmo gênero* não são automaticamente equivalentes, desde que não estejam no *mesmo suporte*".

Os suportes são comumente classificados da seguinte maneira:

- **Convencionais** – Produzidos com o objetivo de veicular determinados gêneros de textos.
- **Incidentais ou ocasionais** – Não foram criados para veicular textos, mas foram adaptados para essa tarefa.

Veja, no Quadro 3.1, exemplos e especificações dos tipos de suporte com uma visão panorâmica, ou seja, com exemplos diversificados, uma vez que jamais conseguiríamos abranger a total quantidade de gêneros e as possibilidades de veiculação.

QUADRO 3.1 – EXEMPLOS E DEFINIÇÕES DE SUPORTES CONVENCIONAIS E INCIDENTAIS/OCASIONAIS

Suportes convencionais

Jornal

Apresenta um formato bem definido, com seções específicas. Veicula gêneros variados de texto: notícia, classificados, artigo de opinião, carta ao/do leitor, reportagem, horóscopo etc.

Livro

Tem um formato estável, geralmente dividido em capítulos. Veicula gêneros como: romance, poema, conto, fábula, história infantil etc.

Revista

Apresenta um formato estável, dividido em seções. Veicula gêneros como: reportagem, carta ao/do leitor, resenha, propaganda, anúncio, artigo de opinião, crônica etc.

Quadro de avisos

Tem formato flexível; geralmente não há divisão em seções. Veicula gêneros como: avisos, calendários, informativos, convites etc.

Rádio

Apresenta grade de programação flexível, com programas diversificados para alcançar o maior número possível de pessoas. Veicula gêneros típicos da oralidade, como: músicas, entrevistas, notícias etc.

Televisão

Tem grade de programação flexível, com atrações diversificadas para chegar ao maior número de telespectadores possível. Veicula gêneros que exploram a linguagem visual, entre eles: telenovela, telejornal, receitas, entrevistas, filmes, seriados, minisséries etc.

Suportes incidentais ou ocasionais

Muro
Em tese, foi criado como uma barreira física. No entanto, é muito comum veicular gêneros como: frase de protesto, propaganda, anúncio, poema, letra de música, desenho, pichação e grafite, entre tantos outros.

Camiseta
Primordialmente criada proteger o corpo humano, mas, como é facilmente observado, tem veiculado gêneros como: frases, propaganda, anúncio etc.

Embalagem
Criada, inicialmente, para proteger objetos, tem servido rotineiramente para veicular propaganda do produto que protege/embala.

Para-choque
Como o próprio nome sugere, foi criado para proteger o veículo, mas tem servido para veicular, predominantemente, frases de efeito.

Vidro traseiro do ônibus
Uma parte do automóvel que tem servido para veicular predominantemente gêneros comerciais, como anúncios e propagandas.

Parede
Parte das edificações. Tem veiculado gêneros como: poema, desenho, anúncio, propaganda, frase de protesto, propaganda política etc.

Vale ressaltar que as definições expostas no Quadro 3.1 ainda são motivo de controvérsias teóricas entre autores e, às vezes, para o mesmo autor – como é o caso de Marcuschi (2007, 2008), que já postulou o *outdoor* como um gênero e, em outra ocasião, o definiu como suporte. O importante, neste ponto da nossa reflexão, é compreendermos como a perspectiva do gênero textual é responsável por mais uma guinada nos estudos sobre o texto.

QUADRO 3.2 – CONSTRUÇÃO DO CONCEITO DE *TEXTO*

Fase	Conceito de texto	Unidade de análise	Contexto
Antecedentes da linguística textual	Unidade linguística fechada em si mesma.	Frase	Limites da frase
Transfrástica	Unidade linguística fechada em si mesma, determinada pela relação entre frases.	Relação entre frases (ênfase nos estudos dos aspectos coesivos).	Cotexto
Gramática do texto	Unidade linguística fechada em si mesma, determinada pela competência do leitor.	Texto (registro material).	Cotexto
Teoria ou linguística do texto	Processo resultante de várias operações comunicativas.	Condições de produção e de recepção dos textos.	Contexto comunicativo

(continua)

(Quadro 3.1 – conclusão)

Fase	Conceito de texto	Unidade de análise	Contexto
Abordagem pragmática	Atividade complexa produzida em uma determinada situação de comunicação.	Fatores de textualidade.	Situações comunicativas
Abordagem cognitivista	Resultado de processos mentais.	Processamento cerebral dos sentidos.	Contexto
Abordagem interacionista	O próprio lugar da interação.	Materialização da interação entre os sujeitos.	Situação sociointeracional
Gênero textual	Manifestação concreta de uma prática social.	Organização dos elementos linguísticos de acordo com a função do papel social.	Função social

No Quadro 3.2, organizamos uma síntese para que você possa visualizar como o conceito de *texto* se formou.

> **Preste atenção!**
>
> **Cotexto** – Formas linguísticas presentes na materialidade dos textos responsáveis pelo estabelecimento de relação de sentidos.

Vale mencionar que essa segmentação não tem um caráter processual, isto é, ela não representa uma escala temporal; trata-se de uma opção didática para facilitar a compreensão de conceitos que, não raras vezes, ocorrem simultaneamente.

Síntese

Neste capítulo, apresentamos o conceito de *texto* predominante em cada ciclo da linguística textual. Menos detalhadamente, abordamos a definição de *discurso* e, de forma mais atenta, expusemos o conceito de *gênero de texto*.

Inicialmente, antes do surgimento da linguística textual, já havia uma necessidade de conceituar *texto*, mas não como um objeto central dos estudos, apenas como uma unidade linguística submetida às regras internas do texto. Posteriormente, logo no início da linguística textual como área de conhecimento, apesar de ter ampliado os limites da frase para a relação entre frases, o texto ainda era visto como uma unidade linguística pronta e acabada. No terceiro momento, a competência do leitor passou a ter influência sobre a unidade linguística. Apenas na fase das teorias do texto que o objeto *texto* deixou de ser visto como uma unidade fechada em si mesma e passou a figurar como o processo resultante de várias operações comunicativas.

A partir de então, o conceito de texto recebeu três influências significativas: a pragmática, que colocou em cena as situações reais de comunicação como elemento importante para a compreensão do texto; os estudos cognitivistas, que apontaram os processos cerebrais como parte significativa do processo de produção e recepção de textos; e, por último, os estudos interacionistas, que indicaram o texto como a materialização de um processo comunicativo em que sujeitos se constituem e são constituídos.

O discurso, por seu turno, é caracterizado como a parte não material do texto, que se entende com base em um registro (oral ou escrito). Finalmente, diante de sua relevância na atualidade, apontamos o conceito de *gênero textual*, evidenciando algumas características: função social, gêneros primários e secundários e suportes.

Atividades de autoavaliação

1. Analise as afirmativas a seguir.

   I. Ao longo do trajeto histórico da linguística textual, o conceito de *texto* sofreu poucas alterações e, por isso, a própria disciplina pouco avançou.

   II. O conceito de *texto* evolui em uma escala de ampliação de seus limites.

   III. Não são precursoras da linguística textual a antiga retórica, a estilística e os estudos dos formalistas russos.

   IV. Mesmo antes do surgimento da linguística textual como área de estudos do texto, já havia preocupações com o conceito de *texto*.

   V. O conceito de *texto* é fundamental para a definição da própria linguística textual.

   Agora, assinale a alternativa que apresenta apenas os itens verdadeiros:
   a. II, IV e V.
   b. I, II e III.
   c. II, III e IV.
   d. I, III e V.
   e. I e II.

2. Relacione a fase da linguística textual ao conceito de *texto*.

I. Fase transfrástica
II. Fase das gramáticas do texto
III. Fase das teorias do texto

( ) Ação verbal consciente em dado processo de interação.
( ) Unidade linguística fechada em si mesma estabelecida com base na relação entre frases.
( ) Unidade linguística fechada em si mesma, porém superior à frase e resultante da organização interna do material linguístico.

Agora, assinale a alternativa que corresponde à sequência correta:
a. I, II, III.
b. III, II, I.
c. II, III, I.
d. II, I, III.
e. III, I, II.

3. Marque P para as afirmações correspondentes à abordagem **pragmática** e C para as relacionadas à abordagem **cognitivista**.

( ) Os processos mentais são considerados parte importante para a compreensão e a produção de textos.
( ) O texto é atividade complexa produzida em determinada situação de comunicação.
( ) O contexto é um elemento fundamental para a compreensão do texto.
( ) A compreensão de um texto depende de conhecimento anteriormente armazenado pelos interlocutores.

Agora, assinale a alternativa que corresponde à sequência correta:
a. C, P, C, P.
b. C, P, P, C.
c. P, C, C, P.
d. P, C, P, C.
e. C, C, P, P.

4. Qual das alternativas a seguir enumera **progressivamente** o campo de delimitação do conceito de *texto* durante o trajeto da linguística textual?
a. Frase, cotexto, aspectos externos do texto, relação entre frase.
b. Frase, cotexto, relação entre frase, aspectos externos do texto, contexto.
c. Contexto, frase, contexto, aspectos externos do texto, relação entre frases.
d. Texto, aspectos externos do texto, contexto, cotexto, frase, relação entre frases.
e. Frase, relação entre frase, cotexto, contexto, aspectos externos do texto.

5. Assinale a afirmativa correta:
a. É possível afirmar categoricamente que o jornal escrito é um gênero textual, e não apenas o suporte no qual a veiculação de vários gêneros é garantida.
b. O gênero tem função específica no texto e faz parte do plano comunicativo interno. Atende, portanto, a uma necessidade do tipo textual.

c. Os gêneros orais são aprendidos naturalmente no convívio, nas situações cotidianas, por meio da observação, da imitação, de testes etc. Por sua vez, os gêneros escritos requerem instruções formais mais específicas.

d. O tipo textual tem uma função externa – social –, já que atende a uma demanda comunicativa.

e. Ao comparar a carta e o *e-mail*, fica muito claro que um se origina do outro e que foi em razão do surgimento dos computadores que tal transmutação ocorreu.

Atividades de aprendizagem

Questões para reflexão

1. A frase "Lute como uma garota", como você já deve ter visto, está exposta em várias camisetas atualmente. Dados os fatores suporte, usuário da camiseta, interlocutor (pessoa que lê a frase na camiseta) e mensagem que a frase passa no meio social, ela pode ser considerada um texto? Por quê?

2. Como o conceito de *gênero* influencia a definição de *texto*? Por quê?

Atividades aplicadas: práticas

1. Leia atentamente a frase a seguir.

> A aluno alcançou uma nota excelente na avaliação porque leu todo o material e resolveu todos os exercícios propostos.

   a. Para os pesquisadores da fase transfrástica, esse trecho constituiria um texto? Justifique.
   b. E para os pesquisadores da fase das gramáticas textuais, esse trecho constituiria um texto? Justifique.
   c. Por fim, para os pesquisadores da fase das teorias do texto, esse trecho constituiria um texto? Justifique.

2. Elabore uma pequena síntese que apresente o conceito de *texto* predominante em cada fase da linguística textual. Pontue os motivos que ocasionaram tais transformações conceituais.

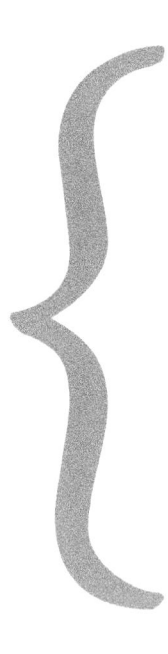

{

um	Aspectos históricos
dois	Percurso da linguística textual
três	Evolução do conceito de *texto*
# **quatro**	**Coesão e coerência**
cinco	Ambiguidade, humor, ironia: efeitos de sentidos
seis	Análise de textos na perspectiva da linguística textual

{

❰ NESTE CAPÍTULO, aprofundaremos a análise sobre coesão e coerência. Abordaremos as definições de seis tipos de coerência (sintática, semântica, pragmática, estilística, temática e genérica) e de três tipos de coesão (referencial, recorrencial e sequencial).

quatropontoum
Construção dos conceitos

Os conceitos de *coesão* e de *coerência*, como não poderia deixar de ser, foram constituindo-se à medida que os estudos linguísticos evoluíram. É claro, e já temos recursos teóricos suficientes para compreender, que a definição de *texto* determinou, por assim dizer, tais conceitos.

Na fase transfrástica, por exemplo, embora esse não fosse o foco dos estudos, a definição de *coerência* estava fortemente atrelada ao uso dos elementos coesivos, isto é, acreditava-se que o texto era um conjunto de frases bem organizadas (relacionadas). Consequentemente, essa organização dependia exclusivamente do emprego adequado dos elementos coesivos.

Atualmente, no entanto, sabemos que não são os elementos coesivos que sustentam as relações lógico-semânticas estabelecidas no texto; ao contrário, tais elementos apenas veiculam as relações já existentes. Conforme expusemos nos capítulos anteriores, existem frases sem conectivos sobre as quais qualquer leitor pode inferir as relações ali estabelecidas. Isso, portanto, separa os conceitos de *coesão* e *coerência*.

Por outro lado, essa separação também não é tão radical. Apesar de coesão e coerência constituírem duas manifestações linguísticas diferentes, de alguma forma, elas apresentam certa dependência uma da outra. Por exemplo, há textos em que o contexto de produção (re)significa o emprego de um elemento coesivo.

Para elucidar nossa reflexão, tomemos a manchete fictícia a seguir:

> É o melhor piloto da corrida, mas ganhou.

A princípio, como você a julgaria: boa ou ruim? O sentido produzido nela é coerente? O recurso coesivo (*mas*) foi bem empregado?

É esperado que, em uma competição de qualquer natureza, o ganhador seja aquele que se destaca positivamente, não é mesmo? Em uma corrida de carros, por exemplo, espera-se que o melhor piloto seja aquele capaz de fazer em menor tempo o percurso inteiro; por isso, ele ganha o prêmio. É esperado também, conforme prescrevem as normas gramaticais tradicionais, que a conjunção *mas* seja empregada para materializar a relação adversativa já existente.

{ Apesar de coesão e coerência constituírem duas manifestações linguísticas diferentes, de alguma forma, elas apresentam, certa dependência uma da outra.

Parece, em princípio, que há um descompasso entre o emprego do *mas*, com conotação adversativa, e as ideias veiculadas em *é o melhor piloto da corrida* e *ganhou*, pois parece lógico que o melhor piloto ganhe a corrida. Uma relação de explicação ou conclusão, sinalizada pelos conectivos *por isso* ou *logo*, entre outros, seria mais adequada.

Por outro lado, vamos imaginar que a frase pode ser veiculada em um momento (contexto) em que o piloto em questão tem sido constantemente considerado excelente, porém não tem ganhado nenhuma corrida. Ele tem arriscado nas manobras, feito ultrapassagens arrojadas, evitado acidentes sérios, enfim, tem garantido o posto de melhor piloto, mas, apesar disso tudo, não tem vencido os adversários. Então, os amantes do esporte estão acostumados com a ideia de que o piloto é bom, mas perde a corrida. E as manchetes têm se repetido – "É o melhor piloto, mas perdeu a corrida" – em um raciocínio que liga uma ideia positiva (*melhor piloto*) a uma negativa (*perdeu a corrida*).

Nesse contexto, ser o melhor piloto já não denota uma ideia positiva, pois isso não tem sido suficiente para ganhar a corrida. Os leitores das manchetes começam a ver de forma negativa o fato de o piloto ser o melhor, já que isso não tem garantido vitórias a ele. O fato de ser considerado o melhor piloto se transforma em uma espécie de deboche, uma ironia provocativa. Mas, para surpresa de todos, o piloto vence.

Nesse novo contexto, instaura-se a contraposição: *o melhor piloto* (visão negativa) e *vencer a corrida* (visão positiva). Dessa forma, o que antes parecia um erro – unir duas ideias positivas por meio do conectivo *mas* –, agora, conhecendo o contexto, parece lógico.

Com esse exemplo, esperamos ter deixado claro que os elementos coesivos, por si só, não garantem a coerência do texto. Também esperamos ter evidenciado que a coerência não se constrói exclusivamente na materialidade do texto, mas com base na manifestação concreta deste. No exemplo apresentado, o *mas* sozinho não foi suficiente para construir o sentido que se objetivava, porém, foi com base nele que se registrou e, principalmente, se justificou o emprego da adversidade no contexto.

A seguir, apresentaremos, por motivos essencialmente didáticos, os conceitos de *coesão* e *coerência* separadamente. Porém, conforme já afirmamos, reconhecemos uma concreta relação de dependência entre os dois conceitos, isto é, o sentido que se atribui a dado texto depende do emprego ou não de elementos de ligação (coesão) e de elementos que garantam a lógica do texto (coerência).

quatropontodois
Coerência

Analisaremos, aqui, seis tipos de coerência: coerência sintática, por meio da qual ocorre um estabelecimento da lógica textual (ordem das palavras); coerência semântica, por meio da qual ocorre o estabelecimento de relações lógicas entre os sentidos materializados no texto e aqueles a que fazem referência; coerência pragmática, que nada mais é do que a necessidade de adequação entre os turnos de fala; coerência estilística, mediante a qual ocorre o estabelecimento da manutenção de um estilo de linguagem; coerência temática, que estabelece reflexão sobre a manutenção do tema; e, por fim, coerência genérica, que estabelece a adequação do gênero de texto à situação comunicativa.

4.2.1 Coerência sintática

A *coerência sintática*, como o próprio nome nos faz imaginar, está diretamente ligada aos modos de funcionamento da estrutura linguística, isto é, diz respeito ao conhecimento do usuário da língua sobre a ordem dos elementos em uma frase, a seleção lexical, o uso dos elementos coesivos, entre outros recursos linguísticos.

O sentido de um texto pode ser prejudicado por construções que pouco consideram, por falta de conhecimento ou reduzida atenção, a opção lexical, gerando mais de um significado, o que, às vezes, pode ser intencional. Observe a frase a seguir:

> Alimentei a cadela da vizinha.

O emprego da palavra *cadela* fora de contexto, imaginamos que para qualquer leitor, gera uma confusão, isto é, tanto é possível inferir que a palavra foi empregada para fazer referência a um animal quanto pode ter sido empregada para efetivar um xingamento, não é mesmo? A simples troca da palavra *cadela* pela expressão *animal de estimação* já resolveria o problema.

Consideramos que esse exemplo também evidencia, mais uma vez, que a coerência não está unicamente ligada ao registro formal de uma manifestação linguística. Nesse caso específico, a palavra escolhida está relacionada ao significado construído socialmente e atribuído a determinado vocábulo. Em uma cultura como a nossa, chamar uma mulher de *cadela* é um xingamento; em outras culturas, pode ser que não seja e, consequentemente, tal texto não apresente essa conotação pejorativa.

Da mesma forma, vale a pena refletir sobre o modo como a ordem com que são apresentadas as palavras contribuem (ou não) para a construção de um sentido. Como já discutimos, o texto não é um amontoado de frases, e tampouco a frase é um amontoado de palavras apresentadas aleatoriamente. Se fosse assim, como julgaríamos a frase a seguir?

> O devorou aluno livro o todo.

É muito provável que nós, sem um contexto tão fantástico quanto a própria frase, não a aceitássemos como um texto, mas apenas um conjunto de palavras aleatoriamente agrupadas.

O curioso, no entanto, é que, se essas mesmas palavras fossem alinhadas segundo parte da estrutura da língua (sintaxe), em uma sequência gramaticalmente padronizada (sujeito + verbo + complemento), ainda assim nosso julgamento inicial sobre a frase pouco se alteraria. Observe:

> O livro devorou todo o aluno.

Você reconhece a diferença entre as duas frases anteriormente apresentadas? Ao contrário da primeira frase, na última, o nível sintático está perfeitamente garantido (sujeito = o livro, verbo = devorou, complemento = todo o aluno). Logo, como você reagiria a essa frase? Imaginamos que ainda cause alguma estranheza, no mínimo.

Falta, é claro, uma adequação semântica, pois, no mundo real que nos serve de referência, não é logicamente possível que um livro devore um aluno. Precisaríamos, para que a frase tivesse um efeito de verdade, de um contexto em que tal inversão fosse possível.

Sob nosso ponto de vista, ainda há mais uma questão relevante para ser discutida. Observe:

> O aluno devorou todo o livro.

Para que seja considerada coerente, essa frase ainda deve contar com um conhecimento específico, ou seja, é necessário distinguir: primeiro, os significados do verbo *devorar* (destruir ou comer com voracidade); segundo, a diferença entre uma linguagem denotativa (literal) e uma conotativa (figurada). É perfeitamente possível um aluno destruir um livro, ao passo que é pouco provável, salvo raros casos de doenças, um aluno comer (engolir) um livro. Para o segundo caso, portanto, é necessário usar um conhecimento social e interacionalmente construído, isto é, saber que o verbo *devorar* é empregado figurativamente para expressar a ideia de *ler vorazmente*.

Para encerrar a discussão acerca da coerência sintática, apesar de não esgotá-la, passemos à observação do texto que segue:

> No texto Escola surdas, retirado da Folha de S.Paulo, **está se referindo** ao fato de atualmente as escolas em sua grande maioria pública ignorar o fato do aluno ter voz e direitos a serem reivindicados. Normalmente para

> os aluno solucionarem os problemas, necessitam que os adultos os ajudem, pois a escola e professores não dão ouvidos ao que o aluno tem a dizer, esperam a presença dos pais ou o aparecimento na mídia. **Enquanto todos deveriam perceber que os alunos necessitam e espaço e voz e saberem atuar na vida escola.** (4BM, 4)*

Esse texto, produzido no formato resumo no espaço escolar, apresenta um fenômeno linguístico muito recorrente nas produções de alunos dessa fase de aprendizado. Como é possível observar, a função gramatical da contração da preposição *em* e do pronome *o* na expressão inicial "No texto Escola surdas" indica localização, logo, a expressão verbal "está se referindo" (destacada no texto) fica sem o sujeito, ou seja, há um descompasso entre a estrutura sintática apresentada e o efeito de sentido que se pretendia construir. A mudança de *No* por *O* na expressão inicial já resolveria o caso, pois tal expressão passaria a figurar como

---

* Os textos mencionados aqui como exemplo e que contém identificações como essa (4BM, 4), ou similares, são textos reais, frutos do pedido da produção escrita de um resumo do texto "Escolas surdas", de Rosely Sayão, publicado na Folha de S.Paulo em 18 de setembro de 2012. Centenas de produções escritas com o mesmo tema, de alunos em idade escolar, foram coletadas para minha dissertação de mestrado *Resumo escolar: entre a (in)definição e os limites da prática escolar* (Jesus, 2014). Alguns textos foram publicados como exemplo na dissertação; os publicados aqui são da mesma coleta de dados, porém inéditos. Todos os textos constam exatamente como os originais dos alunos, razão pela qual apresentam alguns erros gramaticais. Vale ressaltar que, respeitando orientações editoriais, mantemos ocultas as identidades dos alunos autores dessas produções escritas, mas, por necessidade de organização, mantemos uma marcação (código) que nos possibilita identificar o aluno autor dos trechos.

sujeito da ação. Como podemos ver, uma **falta de conhecimento sintático** causa um problema de coerência.

Um pouco mais comprometedora, de acordo com nossa análise, é a última frase (também destacada). Não há uma continuidade sintática entre os elementos apresentados e, por isso, a frase não apresenta um sentido compreensível (coerente). Observe que o verbo *necessitar*, nesse contexto, é transitivo indireto, isto é, requer um complemento com o uso de uma preposição; nesse caso, a preposição *de* seria a mais adequada. No entanto, o que julgamos ser o complemento é introduzido por uma conjunção aditiva *e*. A princípio, levantamos a hipótese de ser apenas um descuido ortográfico, o esquecimento de uma letra, mas a manutenção repetitiva da conjunção nos levou a descartar tal hipótese.

A confusão se intensifica. Uma leitura rápida pode nos fazer crer que o produtor do texto não conseguiu estabelecer relação entre o sujeito gramatical (*alunos*), o verbo auxiliar (*necessitar*) e o verbo principal (*saber*). Por isso, apresentou uma concordância enviesada, a qual contraria a normatização gramatical que diz que o verbo auxiliar é flexionado (tempo, modo, número e pessoa) e que o verbo principal deve aparecer em uma das formas gramaticais (gerúndio, infinitivo e particípio). A tentativa de reorganizar a frase nos faz perceber que não se trata apenas de um desvio de concordância, mas da ausência de uma conjunção indicativa de consequência. Uma opção, entre tantas outras possíveis, seria: "Enquanto todos deveriam perceber que os alunos necessitam **de** espaço e **de** voz **para** atuar na vida escolar".

A coerência, como é possível constatar, está fortemente atrelada aos aspectos concretos da superficialidade textual. Nesse caso, estamos falando especificamente da sintaxe e, sobretudo, de aspectos sociointeracionais, isto é, a ordem de apresentação das palavras, o emprego de uma conjunção, a concordância, entre outros, por si só não garantem o sentido ao texto; ao contrário, os sentidos construídos socialmente são reavivados nos textos por meio dos aspectos gramaticais.

4.2.2 Coerência semântica

A *coerência semântica* está relacionada, como o próprio nome sugere, aos sentidos veiculados no texto. A não contradição entre as informações, portanto, é uma exigência para a manifestação da coerência, isto é, para que um texto seja considerado semanticamente coerente não deve haver espécie alguma de contradição. Observe:

> Um homem de aproximadamente 110 quilos sofreu um ataque do coração ali na esquina. Mas, em tempo, um menino de oito anos o carregou até o hospital e salvou uma vida!

É evidente que um menino de oito anos não tem condições físicas de carregar uma pessoa de 110 quilos, não é mesmo? Tal façanha só seria possível em um contexto fantástico, como os de histórias de super-heróis. Como esse não é o caso, dizemos que há uma contradição entre os sentidos produzidos no texto e aqueles possíveis no mundo real.

O texto a seguir, de forma semelhante, também apresenta uma configuração que não condiz com os fatos. Perceba que o autor do resumo produz alguns efeitos de sentido que não encontram referente no contexto em que foi desenvolvido e não representam os fatos narrados no texto fonte. Observe:

> Rosely Sayão **publicou** na Folha de S.Paulo em 18 de setembro de 2012 **uma coluna** apontando a falta de espaço e atenção das escolas em relação aos seus alunos. Recentemente, uma garota chamada Isabela criu uma página na internet em forma de diário, onde questionava a falta de estrutura do colégio público onde estuda. Suas reclamações só foram acatadas quando, não os alunos, mas sim os adultos pressionaram a escola, cobrando uma atitude. **A voz adulta mostrou mais uma vez que as escolas não cobram dos alunos a participação no processo escolar**. Falta encorajar os alunos a questionar e **terem direito** a pelo menos uma vez, serem ouvidos. (4BM, 1)

Sem a pretensão de esgotar todas as ocorrências de incoerências, listamos apenas duas para apoiar nossa reflexão. A destacada na primeira frase do texto diz respeito à pouca reflexão sobre a construção "publicou [...] uma coluna", pois não representa a ação real, isto é, o que aconteceu de fato foi a publicação de um texto, e não de uma coluna.

A segunda incoerência diz respeito a uma inversão que, para nós, é fruto de uma leitura pouco eficiente do texto que serviu como fonte para o resumo. Trata-se da relação pouco clara entre o fato de a escola ter de cobrar dos alunos a participação e, na frase seguinte, dizer que o aluno tem o direito. Ora, se é um direito do aluno, não seria papel da escola efetivar tal cobrança, mas sim dos pais ou responsáveis, não é mesmo?

No texto de Rosely Sayão, contrariamente ao resumo apresentado, a relação que se estabelece é a de que os pais devem cobrar das escolas um direito que é dos alunos, como é possível conferir neste trecho: "Isso nos mostra que temos duas tarefas importantes a realizar. A primeira é a tarefa de cobrar a escola para ela ensine seus alunos a ter participação ativa no próprio processo escolar. É um direito deles que precisamos garantir" (Sayão, 2012).

Mais uma vez, postulamos a coerência como a relação lógica entre os sentidos materializados no texto e aqueles a que fazem referência. Para isso, os conhecimentos dos usuários da língua são essenciais.

4.2.3 Coerência pragmática

A coerência pragmática está diretamente ligada aos atos de fala. Na teoria dos atos de fala, Austin (1965), ao estudar as formas de ação por meio da linguagem, indica que alguns critérios devem ser satisfeitos para que um enunciado performativo seja bem-sucedido: autoridade do falante e condições apropriadas. Isto é, para que um enunciado qualquer seja considerado um texto coerente, é necessário, por um lado, que haja no texto uma sequência de atos de fala que se relacione sob determinada lógica, por exemplo, que haja intercâmbios entre pergunta e resposta, pedido e atendimento, pedido e recusa. Por outro lado, mais amplamente, o texto deve estabelecer relação lógica de adequação ao contexto em que veiculará. Por exemplo, se alguém solicita uma informação sobre determinado endereço e outra pessoa diz, em resposta, que o dia está bonito, sem qualquer tipo de explicação, minimamente causaria estranhamento, não é mesmo?

O contexto em que dado texto circula é fundamental para o estabelecimento da coerência pragmática. Mas não é só isso: a maneira como os usuários da língua entendem a situação de comunicação e a capacidade de inferência também têm igual responsabilidade. Imagine que o diálogo fictício a seguir acontece em um consultório médico:

> — Senhor João, infelizmente os exames confirmaram o pior, o senhor está muito doente.
> — Doutor, quanto tempo eu tenho de vida?
> (Vibra o celular no bolso do médico.)
> — Um minuto, senhor João.
> (O paciente desmaia.)

A conversa reservada e cuidadosa entre médico e paciente parece muito apropriada para informar um diagnóstico preocupante, isto é, em uma perspectiva linguística, diríamos que se trata de um texto adequado para essa situação de comunicação. No entanto, há a ocorrência de um fato (o celular vibrar) que é observado apenas pelo médico; novamente assumindo uma perspectiva linguística, diríamos que há um conhecimento que não é compartilhado, e isso compromete a interpretação que o paciente faz da fala do médico.

Embora a situação descrita não seja real, ela evidencia como os sentidos são produzidos e, principalmente, como eles são desviados de seus projetos comunicativos iniciais.

Para encerrar esta reflexão, apontamos para uma incoerência, como já dissemos anteriormente, diretamente ligada à situação de comunicação, ou seja, a falta de relação lógica entre o contexto em que o texto circula e a funcionalidade discursiva do texto. Veja o resumo a seguir:

> Todos nós, cidadãos brasileiros, temos direitos e deveres, independente do espaço que se encontre. Nas escolas os alunos são tratados como incapazes ou irresponsáveis, não tendo o direito de expor suas apiniões e problemas.
> No texto "Escolas surdas", relata a história em que os problemas de uma estudante só foram resolvidos com a presença da mãe.
> A própria escola contrária seus valores, de cidadãos críticos e ativos, sem ter voz em um grupo. Temos que respeitar, mas nunca deixar que se expor para os problemas existentes em nossa volta. (4AM, 11)

A situação comunicativa em que o texto anterior foi produzido, como já explicitamos, é a realização de uma atividade escolar que consiste na produção escrita de um resumo. No entanto, apesar de haver traços característicos do resumo, como a indicação do nome da fonte e a apresentação, mesmo que equivocada, da ideia principal, o aluno se apropria do momento da fala e toma a palavra para expressar sua angústia. Não se trata de um equívoco de gênero, mas, sobretudo, do uso equivocado de uma situação de comunicação. Guardadas as devidas proporções, seria como se alguém perguntasse as horas e o interlocutor, sem nenhuma razão aparente, começasse a falar sobre a corrupção na política.

Além disso, perceba que o aluno emprega uma alternância entre as pessoas gramaticais (primeira e terceira pessoa), o que, na interlocução, pode deixar o outro confuso, afinal, fica complexa a distinção entre o que é informação extraída do texto e o que é opinião do aluno. Também fica difícil justificar o fato de que, em alguns momentos, o autor do resumo se apresenta como aluno e, em outros, distancia-se para viabilizar a interpretação de que não é um aluno se expressando.

Segundo a teoria dos atos de fala, para que um enunciado tenha sucesso, é necessário que as circunstâncias de comunicação sejam adequadas, assim um (escritor) conseguiria agir sobre o outro (leitor). Parece-nos, no entanto, que o texto produzido pelo aluno não consegue desempenhar a função inicialmente desejada, que, pelo menos em tese, era evidenciar a capacidade de leitura de um texto e a reapresentação das ideias por meio do registro escrito.

Esperamos, dessa forma, ter deixado claro que a coerência pragmática deve ser construída tanto no interior do texto, garantindo uma relação lógico-semântica entre os atos de fala presentes, quanto por meio da adequação do texto ao contexto imediato de circulação.

4.2.4 Coerência estilística

A coerência estilística refere-se ao emprego adequado e contínuo de uma variedade linguística, isto é, em uma situação mais formal de comunicação, é esperado que seja adotada, do começo ao fim do texto, uma formalidade no uso dos recursos da linguagem. Afinal, não seria muito apropriado que, em uma conversa com um juiz, fossem usadas expressões de baixo calão e gírias, não é mesmo? Vamos analisar o exemplo a seguir.

> Em um confessionário:
> — Vossa Santidade, perdoa-me porque pequei...
> — Diga-me, filho, qual é o seu pecado?
> — Pois é, *brother*, tenho conversado muito com mulheres que traem os maridos.
> — Mas isso não é pecado! Quem são elas?
> — Pô, daí você me ferra, não libero essa informação não....
> — D. Maria Silva? D. Carlota Gomes? D. Ritinha da padaria?
> — Nem ferrando eu conto...
> — Então, meu filho, apenas reze pelas almas desses pobres maridos.
> Chegando ao banco da igreja, encontra o amigo e diz:
> — Não disse, descobri, sua mulher não te trai.

No texto anterior, embora retrate uma situação fictícia, esperamos ter deixado evidente como os modos de tratamento e a linguagem empregada pelo fiel ao se dirigir ao padre vão se transformando. No início, é empregado o pronome de tratamento *Vossa Santidade*, que, conforme a modalidade formal da língua, é adequado para o tratamento de papas. Em seguida, é utilizada a palavra *brother*, muito coloquial, que evidencia um grau elevado de proximidade. Por fim, é usado *você*, outra expressão empregada em situações muito informais de comunicação. A linguagem, por seu turno, começa extremamente respeitosa e seguindo o padrão formal, mas, no decorrer do texto, apresenta despreocupação com os aspectos mais rígidos da língua, como o emprego de expressões da oralidade *daí* e *libero*.

É claro que, nesse texto em específico, reconhecemos essa transformação, tanto no modo de tratamento quanto no emprego da linguagem, como um recurso para a construção da história. A transformação do personagem evidencia o quanto é alto o grau de curiosidade do padre, que nem percebe tal alteração. No entanto, dependendo do contexto, essas mudanças de estilo, de escolhas de registros ou, melhor, de variações bruscas no estilo de registro da linguagem sem uma intenção discursiva certamente causarão distorções.

4.2.5 Coerência temática

A coerência temática diz respeito à manutenção constante e contínua de dado tema. Para garanti-la, por exemplo, em uma produção escrita, é necessário que o tema sobre o qual se discorre seja retomado de várias maneiras e os acréscimos informacionais estejam diretamente relacionados a ele. Da mesma forma, em uma conversa, para assegurar a coerência temática, é igualmente importante que haja uma continuidade temática, mesmo que os turnos de voz sejam alternados.

Observe a entrevista que simulamos para ampliar o entendimento sobre a coerência temática:

> Entrevistador: Podemos saber como anda o coraçãozinho?
> Artista: Então, este trabalho atual é muito significativo, pois eu apresento músicas compostas em parceria com uma pessoa que eu sempre admirei.
> Entrevistador: Sobre a foto em que você aparece beijando... (interrupção brusca)
> Artista: Ah! Tem uma novidade. Ao contrário dos outros trabalhos, para este haverá a participação de alguém igualmente especial.
> Entrevistador: É verdade que você quase apanhou de.... (nova interrupção)
> Artista: Eu juntei uma galera bem boa pra tocar comigo neste trabalho, gente com experiência, com anos de estrada, só tem fera.
> Entrevistador: E sobre o tempo em que você atuava como.... (já sem paciência)
> Artista: E por falar em tempo, o seu acabou. Muito obrigado por nos ouvir.

Assim como você, qualquer leitor atento pode perceber que o entrevistador faz perguntas para fomentar particularidades do artista e, assim, provocar a curiosidade do público, que, hoje em dia, é bastante movido por essas questões.

O artista, por sua vez, responde a todas as perguntas sem continuidade temática alguma. Há uma única relação entre pergunta e resposta, que podemos observar na última questão: o artista usa a palavra *tempo*, empregada pelo entrevistador para fazer referência a um momento passado, para sinalizar que a entrevista acabou.

A coerência temática, como dissemos, é estabelecida pela manutenção de um assunto; é claro que novos aspectos devem ser apresentados para que haja a progressão. Não postulamos o contrário, apenas ressaltamos que, para que haja coerência temática, os novos assuntos devem estar diretamente ligados ao tema central.

Com base nessas informações sobre a coerência temática, como você julgaria a simulação de entrevista? Coerente ou incoerente? Vamos refletir um pouco mais.

A nosso ver, apesar de não predominar uma continuidade temática entre as perguntas feitas pelo entrevistador (todas de caráter especulativo e pessoal) e as respostas do artista (todas de caráter profissional, voltadas para a apresentação do novo trabalho), ainda assim consideramos que a incoerência temática, nesse texto específico, constitui uma estratégia intencional de produção de sentido. Assim, para nós, trata-se de uma forma de o artista mostrar ao entrevistador que não está ali para falar de assuntos pessoais, mas, única e exclusivamente, para apresentar seu novo trabalho.

> Como podemos constatar, mais uma vez a produção dos sentidos em uma manifestação escrita não é linear nem estabelecida com base em uma fórmula. Não são os recursos linguísticos materializados na superfície do texto que garantirão o sucesso do projeto comunicativo; ao contrário, é necessário considerar também os aspectos interacionais e pragmáticos. Portanto, o sucesso comunicativo vai depender também da capacidade de interpretação dos interlocutores.

Nessa simulação de entrevista, se considerássemos apenas os recursos linguísticos empregados, como faziam os pesquisadores da primeira e segunda fases da linguística textual, certamente julgaríamos o texto como incoerente. O texto alcançaria a coerência apenas se levássemos em conta, além dos aspectos já mencionados, a situação comunicativa (contexto) e a habilidade de interpretação do leitor para compreender a resposta do artista como válida para a pergunta do entrevistador.

4.2.6 Coerência genérica

A coerência genérica diz respeito à adequação do gênero textual à prática social a que se destina. Isso, é claro, vai ter influências determinantes sobre as opções formais de composição, sobre o conteúdo temático e, também, sobre o estilo. O anúncio de um produto em um *site* de compra e venda, por exemplo, exigirá que haja um produto a ser oferecido por meio de uma linguagem clara e objetiva (características do gênero). Uma propaganda televisiva do mesmo produto, apesar de querer vendê-lo, vai atuar de maneira diferente: a persuasão será o grande objetivo. As informações mais diretas e objetivas serão tratadas no ato da compra, apenas.

A incoerência genérica, portanto, ocorre quando o gênero textual não corresponde às necessidades da situação comunicativa. Afinal, é perfeitamente compreensível que uma bula de remédio não seja utilizada em uma aula de alfabetização ministrada para crianças, pois, apesar de precisarem de remédios, não são elas que decidem sobre o uso ou sobre a maneira correta de tomá-los, não é mesmo? O gênero, embora funcione bem em uma situação e, internamente, no nível textual, apresente relações lógico-semânticas adequadas, pode não ser aceito como coerente em outras situações em que o texto não respeitar as circunstâncias pragmáticas.

Veja esta simulação de anúncio em jornal:

Passageiro solicita um táxi

Pago em dinheiro, pontualmente no final da corrida, converso pouco, sem bagagens.

É evidente que não é viável solicitar via anúncio de jornal um serviço de transporte particular de pessoas. Mesmo que se trate de um agendamento, a solicitação de um táxi é algo que pode ser feito em questão de poucos minutos por telefone. Sem considerar, é claro, os novos serviços oferecidos por aplicativos de celulares e *smartphones*. Então, fica mais do que evidente que o gênero escolhido (anúncio) não corresponde às necessidades da situação comunicativa (solicitar um táxi).

No entanto, é necessário fazer uma ressalva. Há gêneros que são realocados intencionalmente para produzir determinado efeito de sentido, como acontecem, não raramente, nas esferas literária e publicitária. Nesse caso, não são as funcionalidades social e discursiva do gênero que determinam a coerência, mas uma espécie de autorização artística. Isto é, quando usamos a estrutura de um classificado (gênero textual amplamente empregado para o anúncio de produtos e serviços), por exemplo, para ficticiamente comercializar um sentimento (amor, saudade, ódio, entre tantos outros), embora saibamos que sentimentos não são comercializados, não se trata de uma incoerência, mas da adoção da linguagem figurada para, entre as várias possibilidades de produção de sentido, fazer uma crítica aos relacionamentos movidos por interesses monetários.

Observe o texto a seguir, que exemplifica um caso desse tipo de incoerência:

> Poucas vezes os alunos tem voz dentro das escolas, a iniciativa da garota Isadora Faber gerou uma grande repercussão social. Em sua página, a menina conseguiu mostrar a falta de voz dos alunos nas escolas.
> Portanto devemos cobrar das escolas que ensinem os alunos a ter participação ativa no seu processo escolar. É um direito de todas as crianças e adolescentes.
> Por fim os pais devem ensinar aos seus filhos a falarem por eles mesmos e cobrar da escola que resolva os problemas diretamente com os alunos. (2FM, 16)

Como é possível constatar, a produção apresentada pelo aluno não apresenta as características do gênero solicitado (resumo). Não há, por exemplo, menção ao nome do texto-fonte nem ao nome do autor, não há um gerenciamento entre o conteúdo apresentado pelo aluno e aquele exposto no texto-fonte. Ao contrário, as ideias são colocadas como se fossem do aluno, ou seja, trata-se de um texto marcadamente opinativo. Consideramos, portanto, uma incoerência motivada pelo emprego inadequado de um gênero textual em uma situação comunicativa em que outro gênero textual era explicitamente solicitado.

quatropontotrês
Coesão: conceito e procedimentos

A coesão, de forma geral, é o estabelecimento de laços semânticos entre as partes de um texto, sejam elas palavras, sejam frases e/ou parágrafos. Para construir a unidade textual, são necessárias estratégias que retomem elementos já apresentados anteriormente, sem, contudo, fazer uma repetição exaustiva desses elementos. São igualmente necessárias as estratégias que viabilizem a progressão do fluxo informacional.

Para facilitar a compreensão, utilizaremos o parágrafo inicial do primeiro capítulo da obra *Memórias póstumas de Brás Cubas*, de Machado de Assis.

> ## Óbito do autor
>
> Algum tempo hesitei se devia abrir estas memórias pelo princípio ou pelo fim, isto é, se poria em primeiro lugar o meu nascimento ou a minha morte. Suposto o uso vulgar seja começar pelo nascimento, duas considerações me levaram a adotar diferente método: a primeira é que eu não sou propriamente um autor defunto, mas um defunto autor, para quem a campa foi outro berço; a segunda é que o escrito ficaria assim mais galante e mais novo. Moisés, que também contou a sua morte, não a pôs no introito, mas no cabo; diferença radical entre este livro e o Pentateuco.
>
> FONTE: Assis, 1881, p. 2.

Direcionemos nossos olhares para os processos coesivos presentes no trecho. Destacamos que, durante a apresentação da personagem principal, são empregados recursos diferentes, entre eles, a elipse do sujeito nos verbos *hesitei, devia, poria*; o uso dos pronomes *meu, minha, me, eu*; e também o emprego das expressões *um defunto autor* e *autor defunto*. Essas estratégias, como é possível observar, possibilitam a apresentação da personagem sem, no entanto, fazer uma repetição exaustiva de um único item lexical; são diferentes recursos linguísticos de retomada do mesmo referente. Como veremos adiante, trata-se da coesão referencial.

Observamos, ainda, a presença de elementos linguísticos que não fazem referência direta a outro elemento presente no texto, mas que estabelecem uma relação entre as ideias. A expressão *isto é*, por exemplo, não retoma diretamente um elemento anterior ou posteriormente apresentado, mas estabelece, entre as duas primeiras frases, uma relação explicativa. No entanto – é importante ressaltar – não é essa expressão explicativa que determina tal relação, pois essa ligação entre *princípio* e *nascimento*, bem como entre *fim* e *morte*, seria possível mesmo sem a expressão explicativa.

De forma semelhante, as expressões *a primeira* e *a segunda* estabelecem uma relação de enumeração das considerações da personagem e, como destacamos anteriormente, elas apenas concretizam, na superfície textual, uma relação previamente existente.

É claro que nosso objetivo não é esgotar todos os recursos coesivos presentes no trecho apresentado; ao contrário, procuramos introduzi-los para que você possa ter uma visão panorâmica sobre o tema.

4.3.1 Coesão referencial

Ao usarmos como exemplo o trecho do texto de Machado de Assis, esperamos ter deixado claro que há palavras que, sozinhas ou em uma expressão, não são interpretadas por si só, isto é, não são capazes de indicar um referente concreto. Elas fazem referência a outro elemento semanticamente capaz de promover uma interpretação. Observe a frase.

> Ele te mandou este bilhete.

Em uma situação real de comunicação, o pronome *Ele* causa uma estranheza, pois não é possível saber com exatidão quem enviou o bilhete. Trata-se, como dissemos, de uma palavra que não aponta um referente no contexto comunicativo. É necessária, para a identificação do remetente, a manifestação de um elemento capaz de estabelecer referência ao remetente. Veja estas frases:

> Encontrei teu pai no portão. Ele te mandou este bilhete.

Agora, sim, podemos identificar quem enviou o bilhete. Isso é possível porque temos o elemento linguístico *teu pai*, que representa (faz referência a) uma pessoa conhecida no contexto comunicativo.

Preste atenção!

A coesão referencial é a estratégia textual de estabelecimento de ligações referenciais, a qual, por um lado, evita a repetição exaustiva de um mesmo elemento e, de outro, garante uma continuidade na sequência do texto.

É importante, para tratarmos de aspectos mais específicos da coesão referencial, a compreensão de alguns conceitos que, em princípio, parecem complexos, mas, com a devida atenção, tornam-se familiares.

Vamos a eles. A coesão referencial, como já sabemos, é responsável pela retomada de um elemento, não é mesmo?

Observe estas frases:

> I. Aqui está muito calor agora!
> II. A sala de aula está muito silenciosa. Aqui é possível estudar tranquilamente.

Podemos afirmar que a primeira frase, da maneira como está apresentada, faz referência ao local em que se encontra o produtor da frase, ou seja, o pronome *Aqui* indica o lugar onde tal frase foi proferida. Trata-se, portanto, de referência a um elemento fora da superfície textual, ou seja, do processo de retomada de um elemento que está no universo comunicativo, mas não materializado no texto. Chamamos esse processo linguístico de *coesão referencial exofórica* ou *dêitica*.

Já na segunda frase, esperamos que você tenha facilidade para reconhecer que o pronome *Aqui* refere-se à sala silenciosa. Trata-se, dessa forma, da retomada (reapresentação) de um elemento presente na superfície textual. Denominamos esse processo linguístico de *coesão referencial endofórica*.

FIGURA 4.1 – TIPOS DE COESÃO REFERENCIAL

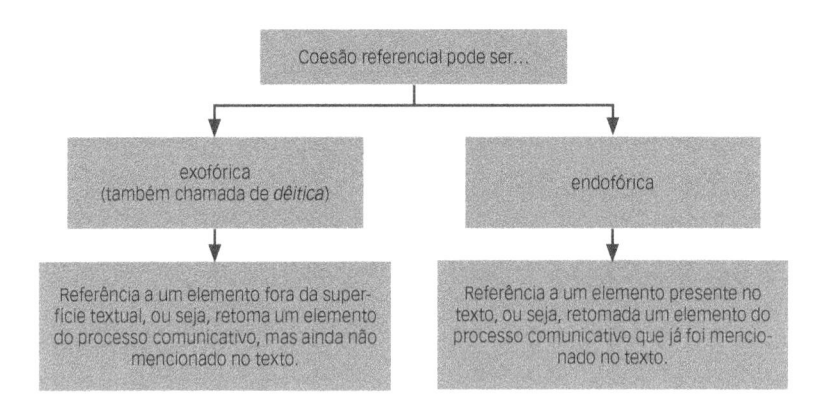

```
                  ┌─────────────────────────────┐
                  │ Coesão referencial pode ser... │
                  └─────────────────────────────┘
                      │                    │
                      ▼                    ▼
        ┌───────────────────────┐   ┌──────────────┐
        │      exofórica        │   │  endofórica  │
        │ (também chamada de    │   │              │
        │       dêitica)        │   │              │
        └───────────────────────┘   └──────────────┘
                  │                        │
                  ▼                        ▼
  ┌──────────────────────────────┐  ┌──────────────────────────────┐
  │ Referência a um elemento     │  │ Referência a um elemento     │
  │ fora da superfície textual,  │  │ presente no texto, ou seja,  │
  │ ou seja, retoma um elemento  │  │ retomada um elemento do      │
  │ do processo comunicativo,    │  │ processo comunicativo que    │
  │ mas ainda não mencionado     │  │ já foi mencionado no texto.  │
  │ no texto.                    │  │                              │
  └──────────────────────────────┘  └──────────────────────────────┘
```

Veja, mais uma vez, a última frase do trecho que expusemos de Machado de Assis:

> Moisés, que também contou a sua morte, não a pôs no introito, mas no cabo; diferença radical entre este livro e o Pentateuco.

FONTE: Assis, 1881, p. 2.

Segundo o que elucidamos sobre coesão referencial exofórica e endofórica, o que você afirmaria sobre as expressões *este livro* e *Pentateuco* presentes na citação? Imaginamos que, neste momento, você certamente observou que a expressão *este livro* faz referência direta à obra que está sendo apresentada, *Memórias póstumas de Brás Cubas*, ao passo que o substantivo *Pentateuco* retoma o conjunto dos cinco primeiros livros do Velho Testamento, não mencionado anteriormente na superfície textual. Como podemos ver, o texto é mesmo uma rede em que as ideias são entrelaçadas por meio de processos variados de produção de sentidos.

Koch e Elias (2010), ao tratarem da introdução de referentes textuais, apontam dois processos de ativação de referente:

1. **Ativação ancorada** – Caracterizada pela introdução, na superfície textual, de um novo objeto de discurso relacionado a um elemento presente no cotexto (endofórica) ou no contexto sociocognitivo (exofórica).
2. **Ativação não ancorada** – Diz respeito à introdução de um objeto de discurso totalmente novo na superfície do texto. "Quando representado por uma expressão nominal, esta opera uma primeira categorização do referente" (Koch; Elias, 2010, p. 127).

Na citação de Machado de Assis, por exemplo, o objeto totalmente novo era o *Pentateuco*. Ressaltamos, no entanto, que a primazia do referente *Pentateuco* é apenas textual (cotexto), pois essa expressão faz referência a um elemento externo (contexto) ao texto, já existente, portanto.

A coesão referencial endofórica, por seu turno, relaciona elementos presentes na superfície textual que podem estar localizados antes ou depois do elemento a que faz referência. Explicamos melhor: um elemento pode tanto retomar outro já anunciado anteriormente no próprio texto quanto estabelecer relação com um elemento que ainda será mais bem apresentado.

Observe as frases a seguir:

I. Este será o anúncio: amanhã não haverá aula.
II. Amanhã não haverá aula! O professor fez esse anúncio na semana passada.

Como você pode constatar, nas duas frases a palavra *anúncio* não pode ser interpretada isoladamente, isto é, não é possível saber com exatidão qual é o conteúdo do anúncio, ou melhor, a informação que será veiculada no anúncio. Isso ocorre porque o termo *anúncio* não materializa a informação contida no anúncio, apenas estabelece uma relação de referência com outro elemento da superfície textual.

Quando um elemento faz referência a algo que ainda será enunciado no texto, como no caso da primeira frase, em que o termo *anúncio* faz referência a *amanhã não haverá aula*, ocorre o que chamamos de *coesão referencial catafórica*. Inversamente, se um elemento faz referência a algo que já foi enunciado no texto, como no caso da segunda frase, em que o termo *anúncio* faz referência a *Amanhã não haverá aula*, ocorre o que chamamos de *coesão referencial anafórica*.

> Em síntese: **coesão catafórica** é o processo de apresentação inicial de um referente que, posteriormente, será mais bem explorado – uma sucessão; **coesão anafórica** é a retomada de um referente que já foi suficientemente apresentado – uma retomada. Simploriamente, a coesão catafórica é um movimento feito para frente, e a coesão anafórica é um movimento realizado para trás.

Portanto, na primeira frase, há uma espécie de antecipação (um suspense) sobre o que será anunciado, ou seja, uma apresentação inicial incapaz de, por si só, garantir a interpretação e, por isso, a nosso ver, trata-se de uma estratégia de escrita interessante para despertar a curiosidade. Na segunda frase, analogamente, embora também haja a relação de referenciação, isto é, um termo busca seu referente semântico em outro, há uma inversão na ordem apresentada: primeiro aparece o objeto discursivo semanticamente carregado de significado, capaz de, por si só, estabelecer a compreensão do conteúdo que anuncia e, apenas posteriormente, o elemento que faz referência.

De forma geral, então, podemos dizer que a coesão referencial é caracterizada por dois processos: **substituição e reiteração**. O primeiro diz respeito à retomada de um elemento por meio de outro. O segundo, por seu turno, é caracterizado pela repetição de um elemento.

Veja as frases a seguir, que vão ampliar a compreensão sobre os processos de referenciação mencionados:

> I. Em casa, João pratica todos os exercícios da apostila. Carlos faz o mesmo.
> II. Fui mordido por um cachorro. O animal não havia sido vacinado.

Na primeira frase, como é possível perceber, uma informação é retomada por uma *pro forma* (termo que representa uma categoria gramatical), isto é, a expressão *pratica todos os exercícios da apostila* é retomada pela associação entre a *pro forma* verbal *faz* e a nominal *o mesmo*. No caso, como há a retomada de um referente por um elemento posposto, considera-se que há uma *anáfora*.

Na segunda frase, embora o leitor comum possa julgar que também há uma substituição, você certamente ficará atento para o fato de que a relação existente os termos *cachorro* e *animal* é um pouco diferente; trata-se da repetição de expressão.

É claro que não há um elemento que reitera outro e mantém completamente o significado inicial, haja vista que não há sinônimos com carga semântica totalmente equivalente. É possível, no entanto, que o elemento que reitera outro garanta uma independência semântica maior do que aquele que substitui. Por exemplo, ao retomarmos as duas últimas frases apresentadas, a expressão *faz o mesmo* só pode ser interpretada com a retomada de seu referente; já a expressão *o animal* não tem obrigatoriamente tal necessidade, pois tem a mesma função referencial que o termo reiterado.

A **substituição**, dessa forma, pode ocorrer por meio do uso de:

- **Pronominalização** – Troca de um nome por uma *pro forma* pronominal. Ex.: **O aluno** chegou atrasado. **Ele** não conseguiu entregar o trabalho.
- **Definitização** – Troca de uma expressão indefinida por uma definida. Ex.: **Um aluno** manifestou-se brilhantemente durante o debate. **O aluno** será convidado para participar de outras discussões.
- **Elipse** – Substituição por zero. Ex.: O menino assistiu a todas as aulas. (Ø) Fará a prova com facilidade.

A **reiteração**, por sua vez, pode ocorrer por meio de:

- **Repetição do mesmo item lexical** – Retomada de um referente com o emprego da mesma palavra. Ex.: Este **livro** é mais interessante do que eu pensava. O **livro** tem ótimas lições de vida.
- **Uso de sinônimos** – Emprego de uma palavra com significado semelhante (não há sinonímia completa) que não altera o significado da sentença. Ex.: O **educando** é muito respeitoso. As ações do **aluno** são exemplares.
- **Uso de hipônimos e hiperônimos** – Utilização de uma palavra que pertence ao mesmo campo semântico e que mantenha uma relação de abrangência/especificidade entre ambos os termos. Ex.: A **coxinha** da cantina é uma delícia. Aliás, toda a **comida** de lá é muito boa.

* **Uso de expressões nominais definidas** – Emprego de uma expressão ativada pelo conhecimento de mundo. Ex.: **Castro Alves** é o maior representante brasileiro da poesia social romântica. **O dono do canto dos aflitos** escreveu no período em que o Império estava em decadência. **O poeta dos escravos**, em meio a tantas transformações sociais, denuncia a escravidão no Brasil.

4.3.2 Coesão recorrencial

A coesão recorrencial é caracterizada, principalmente, pelo avanço da informação, isto é, a retomada dos elementos é realizada para a progressão do fluxo da informação.

Fávero (2002, p. 26) enfatiza a distinção entre recorrência e reiteração: "A recorrência tem por função [...] assinalar que a informação progride; e a reiteração tem por função assinalar que a informação já é conhecida (dada) e mantida".

As frases a seguir ampliam a compreensão sobre o fenômeno da coerência recorrencial. Observe:

I. O professor explicou toda a matéria. A explicação não foi suficiente.
II. O professor explicou, explicou, explicou... ninguém entendeu nada!

No primeiro exemplo, perceba que a palavra *explicou* faz referência à ação realizada pelo professor. Na segunda sentença, o conteúdo semântico da ação do professor é retomado pelo termo *explicação*, isto é, há a retomada (reiteração) e a manutenção de uma informação inicialmente introduzida.

No segundo exemplo, embora reconheçamos que haja uma retomada (reiteração), a repetição da expressão *explicou* não retoma uma informação previamente apresentada, ao contrário, garante a progressão da informação, nesse caso específico, a intensificação da ação realizada.

Em outras palavras, a coesão por reiteração se estabelece pela retomada de uma expressão anteriormente apresentada, evitando, assim, a repetição indesejada dessa expressão; já **a coesão recorrencial é caracterizada justamente pela repetição de um termo, que, nesse contexto, cria um efeito intensificador para a ação descrita.**

Depois de estabelecida a distinção entre reiteração (referenciação) e recorrência, podemos seguir com a exposição dos principais modos de realização da coesão recorrencial:

- **Recorrência de termos** – Reiteração de um termo com a função de enfatizar, intensificar, sem, é claro, deixar de acrescentar informações. Ex.: O professor **explicou, explicou, explicou...**
- **Paralelismo** – Apresentação de conteúdos que utilizam uma mesma estrutura. Ex.: **Ora estudava** português, **ora estudava** matemática.
- **Paráfrase** – Reapresentação de um mesmo conteúdo por meio de uma nova estratégia de escrita. Ex.: A **ausência do aluno é justificável**, isto é, a **falta foi motivada pelo adoecimento da mãe dele.**

4.3.3 Coesão sequencial

A coesão sequencial é responsável por duas funções: a primeira está diretamente ligada à progressão do fluxo informacional (coesão sequencial temporal); a segunda está relacionada às conexões entre as partes do texto (coesão sequencial por conexão).

A **coesão sequencial temporal**, como dissemos, é responsável pela progressão das informações no texto. No entanto, difere da coesão recorrencial, já que não faz remissão a elemento algum anteriormente apresentado. Conforme afirma Fávero (2002, p. 33), "Diferem dos de recorrência, por não haver neles retomada de itens, sentenças ou estruturas." Nesse sentido, a coesão sequencial temporal, como o próprio nome sugere, é responsável pelo estabelecimento e pela manutenção da ordem cronológica (lógica) entre os enunciados. Os principais modos de ocorrência desse tipo de coesão são:

- **Ordenação linear dos elementos** – Apresentação de uma sequência lógica de acontecimentos. Qualquer alteração na ordem dos fatos causa problemas na produção e a recepção dos sentidos. Ex.: **Cheguei, sentei-me, liguei a TV e dormi.** Menos possível: Liguei a TV, dormi, sentei-me, cheguei.
- **Expressões que estabelecem uma ordenação entre os enunciados** – Uso de palavra que indica a ordem dos fatos mencionados no texto. Ex.: Tenho muitas tarefas durante o dia. **Primeiro**, vou resolver os assuntos do trabalho. **Depois**, concluo as atividades escolares. **Finalmente**, terei um pouco de tempo para meu cachorro.

- Expressões temporais – Palavras que sinalizam um tempo determinado (específico). Ex.: Não irei à aula na **semana que vem**.
- Correlação dos tempos verbais – Relação lógica entre os tempos verbais. Ex.: **Pedi** que **chegassem** na hora do início da aula./ **Peço** que **cheguem** na hora do início da aula./ **Pedirei** que **cheguem** na hora do início da aula.

Por sua vez, a **coesão sequencial por conexão**, como já anunciamos introdutoriamente, assegura a relação entre as partes do texto. Essa conexão é registrada na materialidade do texto por meio de marcadores discursivos (articuladores textuais) que desempenham funções cognitivas (conduzem o interlocutor em um raciocínio interpretativo), enunciativas (remetem à própria situação enunciativa) e argumentativas (apontam a orientação argumentativa).

Os articuladores textuais estão associados, comumente, a conjunções, a advérbios e a preposições, por isso, não são raras as vezes em que encontramos estudos sobre a coesão sequencial por conexão que empregam nomenclatura atrelada a tais classes gramaticais.

Neste livro, consideraremos os marcadores **metadiscursivos** e os **conectores**. Os primeiros são responsáveis pela atribuição de um ponto de vista; os segundos asseguram o encadeamento das diferentes partes do texto. Veja as frases a seguir:

I. Certamente você compreenderá tudo quando ler o bilhete.
II. Você compreenderá o fato porque o bilhete explica tudo.

Na primeira frase, a expressão Certamente evidencia um juízo de valor (engajamento) do enunciador sobre o que é enunciado, isto é, não restam dúvidas para o enunciador de que a situação será resolvida com a leitura do bilhete. Já na segunda frase, a expressão porque, além de encadear as duas partes do texto, ainda estabelece uma relação explicativa entre uma e outra.

Ou seja, a expressão Certamente, da primeira frase, funciona como um marcador metadiscursivo, uma marca material do posicionamento do autor. Já o termo porque não indica o posicionamento do autor, apenas une as frases para marcar, na superfície textual, a relação explicativa entre as frases.

Para finalizar este capítulo, vale mencionar que, apesar da amplitude dos conceitos, optamos por fazer uma abordagem panorâmica das definições de coerência e de coesão, buscando evidenciar como os recursos materiais linguísticos contribuem para a efetivação dos outros princípios de textualidade.

Síntese

Neste capítulo, por meio da exploração de exemplos na materialidade textual, apresentamos os conceitos de coesão e de coerência.

A coerência foi dividida em seis tipos: (1) coerência sintática, responsável pelo estabelecimento da lógica por meio da ordem das palavras, da escolha lexical e do uso dos elementos coesivos; (2) coerência semântica, responsável pelo estabelecimento de relações lógicas entre os sentidos materializados no texto e aqueles a que fazem referência; (3) coerência pragmática, abordada como a necessidade de adequação entre os turnos de fala; (4) coerência estilística, caracterizada pela manutenção de um estilo de linguagem que considera determinada situação comunicativa, sobretudo, o interlocutor; (5) coerência temática, que propõe uma reflexão sobre a manutenção do tema; e (6) coerência genérica, que trata da necessidade de adequação do gênero de texto à situação comunicativa.

A coesão, por sua vez, foi apresentada em três grupos: (1) coesão referencial, procedimento textual responsável pela retomada de elementos e pela repetição; (2) coesão recorrencial, postulada como responsável pelo avanço das informações; e (3) coesão sequencial, evidenciada como responsável pela progressão do fluxo informacional e pelas conexões entre as partes do texto.

Atividades de autoavaliação

1. Analise as afirmativas a seguir.
I. A coerência não é garantida, única e exclusivamente, por elementos registrados na materialidade do texto.
II. Embora a coesão esteja mais diretamente ligada à materialidade do texto e a coerência mais relacionada a relações lógicas, não é possível afirmar que há relação entre elas.

III. O conceito de *coerência* foi a questão mais importante na fase transfrástica.

IV. Os conceitos de *coerência* e *coesão* devem ser considerados separadamente, já que têm pouca relação entre si.

Agora, assinale a alternativa que apresenta apenas os itens verdadeiros:

a. II, III e IV.
b. I, II e IV.
c. II e IV.
d. I e II.
e. I e III.

2. Associe o tipo de coerência aos trechos de texto a que correspondem.

I. Coerência sintática
II. Coerência pragmática
III. Coerência estilística

( ) – Bom dia!
   – A água é líquida?
( ) Prova a aluno fez o.
( ) Ao falar com um juiz, o homem pergunta:
   – Oh, camarada, vai liberar o papel ou não?

Agora, assinale a alternativa que corresponde à sequência correta:

a. I, II, III.
b. III, II, I.
c. II, I, III.
d. I, III, II.
e. II, III, I.

3. Sobre coerência, analise as afirmativas a seguir.

I. A coerência semântica diz respeito à escolha de determinado gênero textual de acordo com a situação comunicativa, por exemplo, não usar bula de remédio para alfabetizar crianças.

II. A coerência temática trata da manutenção de um assunto por meio de estratégias diferenciadas, sem, contudo, deixar de apresentar elementos novos, por exemplo, ao falar de uma mudança climática, manter o assunto com retomadas variadas, sem deixar de acrescentar informações (exemplos, previsões etc.).

III. A coerência estilística refere-se a escolhas de modalidades de fala para interagir com um interlocutor determinado, por exemplo, adotar uma modalidade mais formal para se dirigir a uma autoridade.

IV. A coerência genérica corresponde à escolha adequada de um gênero segundo as especificidades do contexto em que o texto circulará, por exemplo, escolher uma propaganda para anunciar um produto ou serviço.

Agora, marque a alternativa que apresenta apenas os itens verdadeiros:

a. I, II, III.
b. II, III, IV.
c. III e IV.
d. II e III.
e. I e IV.

4. Sobre coesão, classifique as afirmativas a seguir como verdadeiras (V) ou falsas (F).

( ) A coesão, de forma geral, é o estabelecimento de laços semânticos entre as partes de um texto – palavras, frases ou parágrafos.

( ) A coesão referencial é uma estratégia textual de estabelecimento de ligações referenciais que, por um lado, evita a repetição exaustiva de um mesmo elemento e, de outro, simultaneamente, garante uma continuidade na sequência do texto.

( ) A coesão recorrencial é caracterizada, principalmente, pelo avanço da informação, isto é, a retomada dos elementos é realizada para a progressão do fluxo da informação.

( ) A coesão sequencial é responsável por duas funções: a primeira está diretamente ligada à progressão do fluxo informacional; a segunda, às conexões entre as partes do texto.

Agora, assinale a alternativa que corresponde à sequência correta:
a. V, F, V, F.
b. F, F, F, F.
c. V, V, F, F.
d. F, V, F, V.
e. V, V, V, V.

5. Relacione as designações aos respectivos conceitos.
I. Elementos anafóricos
II. Elementos catafóricos
III. Elementos endofóricos
IV. Elementos exofóricos

(   ) Presentes na materialidade do texto, fazem referência a elementos dentro dos limites do texto.
(   ) Retomam um elemento anteriormente apresentado.
(   ) Presentes na materialidade textual, fazem referência a elementos fora dos limites textuais.
(   ) Antecipam outro elemento que será posteriormente apresentado.

Agora, assinale a alternativa que corresponde à sequência correta:
a. I, II, III, IV.
b. III, I ,IV, II.
c. II, I, III, IV.
d. I, IV, III, II.
e. II, III, IV, I.

Atividades de aprendizagem

Questões para reflexão

1. De que forma os conceitos de *coesão* e de *coerência* estão interligados?

2. Como a capacidade de interpretação dos interlocutores interfere no sucesso comunicativo?

Atividades aplicadas: prática

1. Elabore um pequeno texto que apresente pelo menos três tipos de coerência acompanhados de exemplos.

2. Reúna os trechos a seguir em um só texto com os tipos de coesão solicitados entre parênteses.

   I. Terminar a faculdade/casar-se (coesão sequencial com uso de expressões de ordenação).

   II. Ele fala português/ele fala inglês (coesão recorrencial com uso do paralelismo).

   III. O brigadeiro da festa estava uma delícia/o brigadeiro foi feito pela mãe do aniversariante (coesão referencial com uso de hiperônimo).

um	Aspectos históricos
dois	Percurso da linguística textual
três	Evolução do conceito de *texto*
quatro	Coesão e coerência
# cinco	Ambiguidade, humor, ironia: efeitos de sentidos
seis	Análise de textos na perspectiva da linguística textual

❈ NESTE CAPÍTULO, trataremos da ambiguidade, do humor e da ironia como efeitos de sentidos materializados em textos. Para isso, como não poderia deixar de ser, utilizaremos como auxílio o escopo da linguística textual, isto é, empregaremos uma abordagem primordialmente textual para refletir sobre o processo de construção e recepção desses efeitos.

cincopontoum
Ambiguidade

A ambiguidade, de modo geral, é a possibilidade que uma manifestação linguística (escrita ou falada) tem de apresentar mais de uma interpretação. De acordo com a definição encontrada no *Dicionário eletrônico Houaiss*, entre outras acepções, *ambiguidade* significa "característica ou condição do que é ambíguo; obscuridade de sentido (de palavras, formas de expressão etc.; hesitação entre duas ou mais possibilidades; dúvida, incerteza, indecisão, ambivalência" (IAH, 2019). Vamos analisar a frase a seguir:

> O cachorro foi preso no canil por ter colocado a pata na lama.

Com base na frase anterior, é perfeitamente possível visualizarmos uma cena em que: 1) um animal descuidado (cachorro) suja de lama seus "pés" e, por isso, é recolhido em um canil; 2) um animal brincalhão (cachorro) coloca outro animal (pata, fêmea do pato) em perigo ao jogá-lo na lama.

A palavra *pata* é a principal responsável por essa duplicidade, pois, apesar de ser empregada comumente para se referir à parte inferior que sustenta o corpo dos animais, também é usada para fazer referência a uma espécie de animal. Então, a frase, se apresentada isoladamente, sem qualquer outra orientação contextual, como foi feita, sustenta a ambiguidade.

Essas possibilidades de interpretação ajudam a perceber que o conceito de *texto*, amplamente apresentado nos capítulos anteriores, não pode ser construído exclusivamente sobre os elementos presentes apenas na materialidade do texto, como desejavam alguns pesquisadores. Os sentidos, conforme já destacamos, não são veiculados exclusivamente pelo texto como um objeto fechado em si mesmo. O texto não é uma embalagem em que o sentido vai depositado e que, quando entregue ao leitor, será desembrulhado para, então, revelar seu conteúdo (sentido). Ao contrário, o sentido é construído com base no texto, segundo outros fatores envolvidos no processo comunicativo.

Por exemplo, o conhecimento já interiorizado em experiências anteriores não está registrado na materialidade do texto, mas ajuda no processo de compreensão. Na frase apresentada anteriormente, o conhecimento de que aquele cachorro é preso sempre que maltrata outro animal evitaria tal confusão, isto é, um conhecimento armazenado no cérebro em experiências vivenciadas anteriormente contribuiria para uma única possibilidade de interpretação.

É necessário, portanto, observar também os mecanismos de processamento dos sentidos no cérebro, os modos de armazenamento dos conhecimentos, a maneira como as relações entre o conhecimento armazenado e o registro escrito se estabelecem, enfim, observar como os fatores de ordem cognitiva contribuem para a produção e a recepção de determinado sentido.

Da mesma forma, a participação direta dos interlocutores na cena comunicativa ou o conhecimento dos elementos presentes na interação também reduziriam o efeito de sentido a uma única interpretação, ou seja, os elementos presentes na situação comunicativa contribuem significativamente para a organização material do texto. Dessa forma, evidencia-se a influência da pragmática.

> Preste atenção!
>
> **Cena comunicativa** – Circunstâncias em que o texto se manifesta; a própria situação comunicativa.

No entanto, essas não são as únicas possibilidades de resolução da dúvida, pois a presença de especificadores ligados à palavra *pata* contribuiria igualmente para eliminação do efeito da ambiguidade. Veja como a dualidade seria resolvida apenas acrescentando uma expressão qualificadora:

I. O cachorro foi preso no canil por ter colocado todo o corpo da pata na lama.
II. O cachorro foi preso no canil por ter colocado a pata dianteira na lama.

É claro que os recursos materiais linguísticos também dão conta de resolver a duplicidade de sentido, como ficou evidente. No entanto, algumas vezes, tais recursos deixam de ser explicitados na materialidade do texto justamente por considerar outros fatores, como a presença do interlocutor na cena comunicativa, o que, de fato, dispensaria o registro da explicação no texto.

O texto, como podemos ver, atende a determinada demanda em dada situação comunicativa. É moldado no próprio processo interativo e, consequentemente, caracteriza os interlocutores, isto é, expõe, entre outras coisas, o conhecimento linguístico de que os participantes da interação dispõem para produzir ou para reconhecer a ambiguidade, a capacidade de análise dos elementos presentes no processo interativo, a competência para registrar tais escolhas no texto etc.

Com isso, esperamos ter mostrado que a ambiguidade, ao contrário do que postula o senso comum, não é fruto exclusivamente do mau emprego de uma expressão, mas também de um conjunto de **combinações de estratégias** de escrita. Esse recurso de produção de mais de um sentido com base em uma única manifestação (escrita ou falada) pode ser empregado propositalmente, como nos casos da publicidade/propaganda e da literatura. Nessa perspectiva, a ambiguidade assume o *status* de figura de linguagem. Por outro lado, em textos em que a objetividade é uma necessidade, a ambiguidade é realmente um problema.

> No caso da ambiguidade produzida intencionalmente, para que haja sucesso, deve existir um projeto comunicativo de um lado e uma manifestação de confiança do outro lado. Isto é, ao passo que um produz intencionalmente a ambiguidade, o outro a compreende como um recurso estilístico, e não como uma inadequação textual. Trata-se da intencionalidade e da aceitabilidade como princípios de textualidade.

Já apresentamos, nesta obra, os conceitos de *intencionalidade* e de *aceitabilidade*, mas consideramos conveniente retomar tal reflexão. Dessa vez, apresentamos a definição de Beaugrande e Dressler (1983, citados por Val, 1999, p. 10-11):

> *A intencionalidade concerne ao empenho do produtor em construir um discurso coerente, coeso e capaz de satisfazer os objetivos que tem em mente numa determinada situação comunicativa. A meta pode ser informar, ou impressionar, ou alarmar, ou convencer, ou pedir, ou ofender etc., e é ela que vai orientar a confecção do texto. [...] O outro lado da moeda é a aceitabilidade, que concerne à expectativa do recebedor de que o conjunto de ocorrências com que se defronta seja um texto coerente, coeso, útil e relevante, capaz de levá-lo a adquirir conhecimentos ou cooperar com os objetivos do produtor.*

A música popular brasileira está repleta de letras com duplo sentido intencional. Algumas com forte apelo sexual, outras com intenções humorísticas e, ainda, aquelas que, para fugir de algum tipo de cerceamento, usam a ambiguidade para viabilizar uma crítica. Veja o verso a seguir:

Cálice

Pai, afasta de mim esse cálice
Pai, afasta de mim esse cálice
Pai, afasta de mim esse cálice
De vinho tinto de sangue

FONTE: Buarque; Gil, 1978.

CÁLICE de CHICO BUARQUE/GILBERTO GIL.
50% © by MAROLA EDIÇÕES MUSICAIS LTDA. Todos os direitos reservados.
Gege Edições/Preta Music (EUA e Canadá). Todos os direitos reservados.

Os compositores Chico Buarque e Gilberto Gil, em 1973, compuseram a música *Cálice* para ser interpretada em um festival, mas ela foi censurada e apenas cinco anos depois, em 1978, foi liberada. O motivo pelo qual os órgãos da ditadura militar evitaram a circulação da música é a crítica que os compositores fazem à repressão a que a sociedade brasileira estava submetida.

Observe que a expressão *cálice*, como está grafada na letra da música, conforme já mencionamos no Capítulo 3, faz referência direta a uma espécie de vaso comumente utilizado nas cerimônias religiosas, um recipiente em que o religioso coloca vinho, que representa o sangue de Cristo. No entanto, a mesma expressão *cálice*, ao ser cantada, toma outro referente, isto é, pode ser entendida como o imperativo *cale-se*, estabelecendo relação com o ato de manter-se calado imposto pelo militares. O vinho, por sua vez, remete ao sangue daqueles que foram assassinados pelos militares.

A ambiguidade, dessa forma, foi usada para assegurar a circulação da música. Havia a justificativa plausível de que o texto fazia referência a um momento religioso. Mas, é claro, a música ganhou força justamente pela possibilidade da denúncia.

Essa estratégia deve ser usada com cautela para evitar que um dos dois sentidos produzidos contribua negativamente para a intenção comunicativa, como ocorre na frase a seguir, hipoteticamente exposta em um anúncio de eletrodomésticos:

> Produtos por este preço não durarão nada!

Provavelmente, a intenção inicial era chamar a atenção do leitor para a rapidez com que os produtos seriam vendidos e fazer com que o consumidor se apressasse para comprá-los. No entanto, como está organizada a frase, há a possibilidade de atribuirmos pouca qualidade aos produtos, os quais, por isso, não terão uma vida útil longa.

Isso demonstra claramente que o plano comunicativo (intencionalidade) pode falhar, pois, apesar de o autor reunir esforços para atingir seu objetivo com a produção de um texto que, para ele, corresponda à sua ânsia, há, do outro lado, aquele que vai receber, para o qual o texto poderá ser interpretado de maneira diferente.

> O sucesso ou o fracasso do plano comunicativo caracteriza os interlocutores, pois, de um lado, expõe a competência do autor do texto em produzir um material correspondente às suas intenções e, de outro lado, depende igualmente de o participante da interação ao evidenciar sua condição de interpretar o texto.

No hipotético anúncio, o autor é caracterizado pela qualidade apresentada no texto, isto é, pela pouca atenção ou pela falta de conhecimento linguístico. Do outro lado, o leitor do anúncio, o outro par no processo interativo, também é caracterizado pelo modo como compreende o texto, pois pode entender a ambiguidade ao demonstrar maior conhecimento linguístico ou não compreender as duas possibilidades de interpretação.

É claro que, como você já tem toda condição de inferir, tanto a presença dos interlocutores em uma cena comunicativa diferente quanto a mudança de suporte poderiam alterar todo e qualquer julgamento que tenhamos feito. Se, entre outras tantas possibilidades, os interlocutores desse hipotético anúncio participassem de uma conversa informal dentro de uma loja de departamento e um aponta uma pilha de produtos com qualidade reconhecidamente aprovada pelo público, que disputa vorazmente por um exemplar, certamente a ambiguidade não seria uma opção.

Esperamos que você tenha percebido que o efeito da ambiguidade não é produzido apenas por meio dos recursos linguísticos expressos na superficialidade. A ambiguidade não está restrita, portanto, ao nível da organização interna da frase, como acreditavam os estudiosos precursores da fase transfrástica. Do mesmo modo, não é possível atribuir aos elementos de textualidade, tão explorados na fase da gramática textual, a condição de explicar tal efeito de sentido. Há, dessa forma, a necessidade de ponderar o contexto da situação de comunicação para produzir/receber este ou aquele sentido e, não menos importante, a condição de interpretação dos interlocutores. Observe mais este exemplo:

> A professora disse que escreveu todo o livro em uma entrevista.

A ambiguidade, nesse caso, diz respeito à possibilidade de interpretarmos o enunciado de pelo menos duas maneiras distintas: a primeira é que a professora, em uma entrevista, afirmou que escreveu todo o livro; a segunda é que a professora escreveu o livro inteiro durante uma entrevista.

A organização sintática da frase, da maneira como foi apresentada, indica que o adjunto adverbial *em uma entrevista*, pela proximidade com o verbo *escrever* e, analogamente, pela distância do verbo *dizer*, faz referência ao que está mais perto. Isto é, o registro escrito levaria à construção do sentido de que a professora escreveu o livro durante a entrevista.

No entanto, apesar de a organização sintática dizer o contrário, o conhecimento de mundo e a experiência fazem com que o sentido de que o livro inteiro foi escrito durante uma entrevista seja considerado absurdo e, logo, descartado.

A ambiguidade, na perspectiva da linguística textual, ocorre por vários fatores, ora pelo emprego de uma palavra com maior potencial polissêmico, ora pela ordem de apresentação sintática do enunciado. Ainda temos os fatores pragmáticos ou cognitivos, entre tantas outras possibilidades que os limites deste estudo não nos permitem explorar. O que de fato importa é que a linguística textual, no processo de produção e de recepção de sentido, nos oferta suportes teóricos e práticos para compreender esse efeito.

Então, para verticalizar um pouco mais nossas reflexões, apresentaremos alguns tipos de ambiguidade e, fundamentados na linguística textual, exploraremos alguns modos como o efeito da ambiguidade pode manifestar-se.

5.1.1 Ambiguidade semântica ou lexical

A ambiguidade semântica ou lexical, um dos tipos de ambiguidade, ocorre quando há o emprego, em dada manifestação de linguagem, de uma palavra homônima, isto é, que apresenta uma semelhança de grafia ou de pronúncia com outro vocábulo.

É lógico que as palavras **homófonas**, ou seja, palavras que apresentam grafias distintas e igualdade na pronúncia (acento/assento, a fim/afim, seção/sessão etc.) podem causar ambiguidade em textos falados. As palavras **homógrafas**, por outro lado, por serem iguais no registro (acordo–combinado e acordo–verbo *acordar*), poderão causar ambiguidade tanto em textos escritos quanto em textos falados. Veja as frases:

I. Não é permitido retirar o acento/assento da vovó. (registro hipotético de oralidade)
II. A bolsa foi encontrada no banco.

Na primeira frase, como você provavelmente percebeu, tanto a palavra *acento* (sinal gráfico) quanto a palavra *assento* (objeto ou lugar em que se pode sentar) poderiam ser empregadas sem grandes problemas na escrita, não é mesmo? Na oralidade, diferentemente, não há indício algum capaz de estabelecer a diferença semântica entre os dois termos.

A palavra *banco*, empregada na segunda frase, como você também já deve ter percebido, é a responsável pela ambiguidade, no entanto, por motivos distintos. Nesse caso, *banco* tanto pode fazer referência à agência bancária quanto ao assento. A maneira idêntica como a palavra é escrita e pronunciada gera a dúvida na escrita e na oralidade.

Como ressaltamos anteriormente, a compreensão tanto da primeira quanto da segunda frase e, posteriormente, a condição de coerente não são alcançadas exclusivamente por meio dos recursos linguísticos apresentados no texto, mas também pelos elementos que envolvem todo o processo de produção e de recepção. Conforme Koch e Elias (2010, p. 184, grifo do original):

> a coerência não está **no texto**, não nos é possível apontá-la, destacá-la, sublinhá-la ou coisa que o valha, mas somos nós leitores, em um efetivo processo de **interação com o autor e o texto**, baseados nas pistas que nos são dadas e nos conhecimentos que possuímos, que construímos a coerência.

Essa consciência de que a situação de comunicação e a capacidade interpretativa dos interlocutores contribuem efetivamente para a construção do sentido, seja ele de qual ordem for, só foi alcançada na terceira fase da linguística textual, com as contribuições dos estudos da pragmática e da cognição.

5.1.2 Ambiguidade sintática

Diferentemente da ambiguidade produzida com o emprego de uma palavra que expressa mais de uma possibilidade de interpretação, a *ambiguidade sintática* é produzida, como o próprio nome pode sugerir, pela apresentação problemática da ordem sintática da frase. Observe este exemplo:

> A professora pediu ao aluno para sair.

Como você interpretaria a frase? Trata-se de um pedido de licença feito pela professora para se ausentar um pouco ou um pedido da professora para que o aluno se retire? Certamente, você não optaria por nenhuma das duas alternativas, pois faltam elementos que justifiquem esta ou aquela escolha.

É evidente que, se estivéssemos no local e no horário em que a frase foi enunciada, não haveria dúvida sobre quem deveria sair. Isso, mais uma vez, permite compreender que a coerência não está exclusivamente no texto, mas é construída por meio da relação entre a materialidade do texto e os conhecimentos de outras ordens (linguísticos, enciclopédicos, de mundo etc.), além do apelo aos conhecimentos contextuais.

A aplicação de uma modalidade de coesão referencial, nesse caso, resolveria o impasse. Observe que, para produzir o efeito de que a professora solicitou a saída do aluno, bastaria acrescentar o pronome *ele* antes do verbo *sair*; a busca anafórica pelo referente certamente levaria *ao aluno* como o elemento referido. Da mesma forma, para produzir o efeito de que a professora pediu licença para sair, seria suficiente o acréscimo do pronome *ela*, que, sem dúvida, ao retomar o referente anaforicamente, encontraria *a professora*.

Existem outras possibilidades para a resolução do impasse, mas esse não é o objetivo. Buscamos apenas, ao tratar da ambiguidade, dar visibilidade ao trajeto evolutivo da linguística textual, isto é, como os estudos do texto ultrapassaram os limites da palavra e da frase para chegar, nos dias atuais, à abordagem que considera o contexto, o interlocutor.

5.1.3 Ambiguidade fonética

A ambiguidade fonética é caracterizada pela sequência de palavras que levam à identificação de outra palavra. Por exemplo, nas expressões *Amá-la* e *Amar-te*, é possível, na oralidade, identificar os sintagmas nominais *a mala* e *à Marte*, respectivamente.

É facilmente compreensível que a ambiguidade fonética tenha ocorrência predominantemente na oralidade. Somente com a leitura de trecho em que expressões como essas são empregadas poderia configurar-se tal duplicidade de sentido, que, como dissemos, pode ser intencional ou não.

O registro desse tipo de enunciado na modalidade escrita, por seu turno, em razão de o espaço entre as palavras ser fisicamente marcado, não permite que a ambiguidade fonética seja uma constante.

Para finalizar esta seção sobre os tipos de ambiguidade, é válido ressaltar: a interpretação de um texto não depende exclusivamente dos registros materiais linguísticos na superficialidade do texto, mas de elementos sociais, pragmáticos, cognitivos, históricos etc.

cincopontodois
Humor

Entre as várias definições de humor, para este estudo, interessa-nos aquela que diz respeito ao efeito cômico, isto é, abordaremos alguns modos de produção e de recepção do efeito cômico ou divertido em uma manifestação de linguagem, sempre, como não poderia deixar de ser, sob perspectiva da linguística textual.

> O efeito de humor, de forma geral, não está explicitamente marcado na materialidade do texto. Por um lado, depende da capacidade intencional de produzir a graça e, de outro, da condição de aceitação e competência de reconhecimento de tal efeito. É claro que existem as situações inusitadas que podem causar graça, mesmo sem a intencionalidade em produzir tal efeito; não negamos esse tipo de ocorrência.

Por exemplo, não é possível dizer que haja intencionalidade em dar parabéns em um velório para o parente do morto. A menos que haja um motivo plausível, tal situação só pode ser fruto de um nervosismo extremo, que leva a pessoa a cometer uma gafe. No entanto, para um participante indireto da cena comunicativa, pode conotar uma situação engraçada.

Então, além da intencionalidade e da aceitabilidade, anteriormente discutidas e retomadas ao tratarmos da ambiguidade, devemos considerar mais um dos fatores de textualidade (igualmente já apresentado nesta obra): a **situacionalidade**. Considerar a situacionalidade requer saber quais conhecimentos já fazem parte do repertório dos interlocutores presentes na cena comunicativa, os quais, portanto, não

> Considerar a situacionalidade requer saber quais conhecimentos já fazem parte do repertório dos interlocutores presentes na cena comunicativa.

precisam ser explicitados. Na hipotética cena do velório, há um conhecimento cristalizado socialmente na nossa cultura de que, em uma situação de velório, é habitual prestar condolência, nunca parabenizar.

É possível, com esse exemplo, observar a noção de coerência pragmática, isto é, conforme afirma Val (1999, p. 13): "a necessidade de o texto ser reconhecido pelo recebedor como um emprego normal da linguagem num determinado contexto". Portanto, mesmo que uma manifestação de linguagem seja apresentada sem nenhum desvio de caráter gramatical, sem ambiguidade, com grau de informatividade compartilhado pelos interlocutores e elementos coesivos bem empregados, ainda assim, para que um efeito de sentido seja produzido e recebido como tal, é necessário considerar o contexto em que será veiculado o texto.

Ao demonstrarmos que a manifestação do efeito de humor depende também do local em que o texto veiculará, estamos, mais uma vez, chamando a atenção para o fato de que a compreensão de um texto, qualquer que seja ele, não deve ancorar-se, única e exclusivamente, nos aspectos materiais linguísticos apresentados na superficialidade do texto, mas também, como temos evidenciado constantemente, considerar elementos de outras ordens.

Para refletir um pouco mais sobre o processo de produção e de recepção do humor, apresentamos mais uma cena hipotética. Observe:

> Ao chegar em casa, o pai chama o filho e o interpela.
> — Meu filho, a professora me disse que você é o aluno mais preguiçoso, mal-educado, conversador e bagunceiro da turma de 25 alunos.
> O filho responde:
> — Pai, a situação poderia ser pior.
> — O que poderia ser pior que isso? Pergunta o pai indignado.
> — Eu poderia estudar em uma turma de 40 alunos.

Comumente, o efeito de humor se instaura com a quebra da linearidade do texto, isto é, há a apresentação inicial de uma situação que se mantém até o momento em que um elemento quebra a expectativa. A princípio, poderia conotar uma incoerência, mas, em razão da capacidade interpretativa do interlocutor, o efeito de humor ganha contornos concretos.

Há, como é possível notar, a necessidade da organização material do texto para que ele cause uma expectativa e para que, gradativamente, vá conduzindo o interlocutor em uma direção narrativa, a fim de que, no final, surpreenda, causando o humor. Essa organização estrutural caracteriza o texto como uma piada. Em outras palavras, o gênero textual *piada* é organizado formalmente para atender a uma demanda comunicativa, pois, caso fosse organizado de outra maneira, com a situação inusitada sendo apresentada no início do texto, por exemplo, certamente o efeito de humor não se configuraria e, consequentemente, a piada não seria constituída.

Na cena descrita anteriormente, é apresentada uma situação inicial comum: um pai repreende o filho por causa da queixa da professora. Como esperado, o pai pergunta ao filho sobre o comportamento dele em sala de aula. A resposta do filho, no entanto, contrariando a expectativa do pai e do leitor/ouvinte do texto, surpreende. Seria esperado que, nessa situação, o filho ficasse sem resposta ou apresentasse uma resposta menos articulada. A informação de que estudar em uma turma maior, com 40 alunos, só alcança o efeito engraçado se o leitor/ouvinte tiver a capacidade de inferir que aumentar o número de alunos proporcionalmente aumentaria também o péssimo conceito sobre as ações do garoto, já que ele passaria a superar um número maior de colegas.

Então, dessa forma, o estabelecimento do gênero *piada* depende também da capacidade de reconhecimento do interlocutor. Aliás, o reconhecimento da condição de texto como uma manifestação coerente depende também dessa capacidade do leitor/ouvinte.

Para Charolles (1983), essa capacidade que os interlocutores têm de produzir sentidos para um texto com base em elementos contextuais (pragmáticos, cognitivos e interacionais), isto é, atribuir a condição de coerente a dado texto, é um **princípio de interpretabilidade**.

O estabelecimento do gênero piada depende também da capacidade de reconhecimento do interlocutor.

A coerência, nessa perceptiva, é fator essencial da textualidade, é a responsável pelo sentido do texto. Sobre isso, Val (1999, p. 6) afirma que "a coerência do texto deriva de sua lógica interna, resultante dos significados que sua rede de conceitos e relações põe em jogo, mas também da compatibilidade entre essa rede conceitual – o mundo textual – e o conhecimento de mundo de quem processa o discurso".

> O humor trabalha no limite da coerência, isto é, o efeito de humor é produzido exatamente no instante em que a situação narrada habitualmente sofre uma ruptura da lógica narrativa, que deve assumir um novo rumo ou pode configurar-se como algo incoerente.

No texto a seguir, caso a ruptura causada pela resposta do aluno não fosse justificada no final, certamente haveria uma grande probabilidade de o texto não ser compreendido. Observe:

> Durante uma aula, a professora pergunta ao aluno:
> — Qual é a idade da sua mãe?
> O aluno rapidamente responde:
> — Ela tem a mesma idade que eu, lógico!
> Confusa, a professora questiona:
> — Isso é mesmo possível?
> Astutamente o aluno responde:
> — Ela só se tornou mãe no dia em que nasci.

Como é possível constatar, no texto, a professora usa uma pergunta já cristalizada socialmente para saber qual é a idade da mãe do aluno, no entanto, o aluno responde de uma forma nada usual, diferente do esperado. Cria-se, assim, uma expectativa: a professora busca explicações, e o aluno, por sua vez, apresenta uma lógica para sua resposta.

Imaginemos agora se, ao perguntar se era mesmo possível a mãe ter a mesma idade do filho, o aluno respondesse apenas *sim*. O texto não apresentaria a mesma condição de interpretação, não é mesmo? O que assegura a coerência do texto é justamente a explicação do aluno, fazendo referência ao período em que a mãe exerce a maternidade, e não ao período de vida da mulher.

Queremos chamar a atenção para o fato de que, tanto na primeira quanto na segunda cena, as personagens dos alunos trabalham com uma lógica pouco usual. As respostas dadas por eles não eram esperadas. Comumente, quando um pai interpela um filho sobre seu comportamento, o filho se esquiva colocando a culpa em um terceiro, assim como também é mais comum responder a idade cronológica quando é perguntado sobre a idade da mãe. As respostas dadas pelas personagens, portanto, configuram-se como inusitadas.

Textualmente, há uma lógica interna. O que pareceria uma incoerência temática, uma falta de continuidade, na verdade é um confronto entre o conhecimento que uma das personagens tem, o qual, possivelmente, compartilha com o leitor/ouvinte do texto, e o conhecimento diferente acerca do mesmo fato que a outra personagem manifesta. É exatamente essa estratégia que garante a textualidade e que, de certa forma, caracteriza os gêneros textuais humorísticos.

A **interpretabilidade** do efeito de humor, então, está diretamente ligada à capacidade que o interlocutor apresenta de acompanhar o deslizamento dos sentidos presente no texto. Na segunda cena, por exemplo, inicialmente a professora, ao perguntar sobre a idade da mãe do garoto, refere-se à idade cronológica da mulher. O referente da professora é uma contagem do período de vida da mulher, realizada por meio de uma pergunta com sentido socialmente cristalizado. Apesar de não ter indício algum sobre a intencionalidade (brincar com a professora ou se livrar do questionamento), o garoto desconstrói o significado inicial da pergunta da professora, atribuindo um novo referente, ou seja, para o aluno, o questionamento era sobre o período de tempo em sua mãe exerce a maternidade.

Esses **deslizamentos de sentidos** ocorrem de diversas maneiras. Apenas a título de exemplificação, apresentamos alguns a seguir. É claro, nosso objetivo é observar a trajetória evolutiva dos estudos da linguística textual e, consequentemente, as contribuições que esses estudos ofertaram.

Os **aspectos semânticos** são largamente explorados para a produção do efeito de humor e, consequentemente, altamente exigidos pelos interlocutores para que se efetive tal efeito. Geralmente, no início das narrativas cômicas, há o emprego de uma palavra amplamente usada em determinado campo semântico, mas que, no final, é reutilizada para conotar outra relação de significado. Observe, por exemplo, a cena seguinte:

> Durante a aula de português, a professora solicita ao aluno que recite uma poesia.
> Prontamente o aluno:
> — Eu cavo, tu cavas, ele cava, nós cavamos, vós cavais, eles cavam.
> Diante da cena, a professora pergunta:
> — O que exatamente há de poético nisso?
> E o aluno responde:
> — Pode até não ser muito poético, mas é bastante profundo.

Nesse caso, embora a palavra *profundo* não tenha sido inicialmente apresentada na materialidade do texto, para que o efeito cômico se constitua, é necessário que o leitor ative em seu conhecimento de mundo a ideia de que a poesia é um texto de conteúdo emotivo, subjetivo, portanto, *profundo*.

Esse conhecimento de mundo ou enciclopédico, segundo Koch e Elias (2010, p. 42), refere-se a "conhecimentos gerais sobre o mundo – uma espécie de *thesaurus* mental – bem como a conhecimentos alusivos a vivências pessoais e eventos espaçotemporalmente situados, permitindo a produção de sentidos".

Outra necessidade é inferir que, provavelmente, a professora já tenha usado a expressão *profundo* para caracterizar o gênero *poema*. Dessa forma, observamos que, além dos aspectos pragmáticos (contexto comunicativo), são importantes também os aspectos cognitivos, ou seja, os conhecimentos que o interlocutor tem internalizados para a produção e a recepção dos sentidos em dada manifestação linguística.

Toda essa preparação, como podemos ver, é importante para o desfecho da cena e, logicamente, para a produção e o reconhecimento do humor, pois é somente com a ativação de todos esses conhecimentos que o leitor/ouvinte, no final da cena, pode compreender que o garoto emprega a palavra *profundo* no sentido de *fundo muito distante da borda*, como uma estratégia explicativa para o uso do verbo *cavar*. Já a professora, certamente, ao usar a palavra *profundo*, referia-se à intensidade do texto poético. Caracteriza-se, assim, uma estratégia engraçada, por parte do menino, de livrar-se da tarefa estabelecida pela professora.

Os **aspectos fonéticos** também são amplamente explorados na construção do efeito de humor. Pode-se, por exemplo, empregar uma palavra homônima homófona, isto é, vocábulo com pronúncia idêntica e significado diferente, que, justamente por essa característica, é inicialmente apresentado em um contexto que induza o leitor a determinada interpretação e, posteriormente, efetive a quebra da linearidade, quando a palavra é reapresentada com significação diferenciada.

Nesse caso, evidenciamos, mais uma vez, a necessidade de retomar a noção de coerência pragmática, pois, assim, será possível compreender, o significado que cada interlocutor da cena comunicativa está utilizando. Embora os aspectos cognitivos (aqueles ligados aos conhecimentos já interiorizados pelos interlocutores) sejam importantes na produção dos sentidos, eles podem exercer um papel secundário, não fundamental, deixando em suspense se o emprego de uma palavra é intencional ou não.

Ao tratarmos do efeito do humor, mais uma vez evidenciamos como os efeitos são produzidos por meio da materialidade dos textos nas situações de interação, isto é, novamente postulamos que os sentidos não estão lá, prontos, esperando ser desvendados; o que existem são elementos (tanto dentro quanto fora do texto) que podem colaborar para a materialização de um sentido em determinado processo de interação.

cincopontotrês
Ironia

A ironia é, tradicionalmente, caracterizada como uma estratégia retórica de apresentação de uma ideia contrária ao que de fato se acredita, isto é, faz-se, por exemplo, um elogio quando, na verdade, a intenção é criticar. Veja a frase a seguir:

> I. "Marcela amou-me durante quinze meses e onze contos de réis..."

FONTE: Assis, 1881, p. 25

Claramente, é possível observar que, na frase de Machado de Assis, há o registro de ironia, não é mesmo? O verbo *amar*, de forma geral, não está semanticamente relacionado a bens materiais, no entanto, na frase, o amor da personagem é mensurado por meio da quantidade de tempo e de um valor em dinheiro, deixando claro, como também é possível observar no decorrer do romance, que não se trata de uma relação de amor, mas sim de interesse.

Em uma abordagem textual, como a que priorizamos neste estudo, ousamos afirmar que há casos nos quais a ironia não diz respeito apenas à produção material (falada ou escrita) de um texto que expressa o contrário do que se pensa, isto é, produz-se uma afirmativa com a intenção de negá-la. No caso da frase apresentada anteriormente, consideramos que não há essa oposição entre o material registrado (escrito) e a possível intenção do narrador. A crítica referente às intenções da personagem Marcela fica marcada também na materialidade do texto por meio da associação entre o valor financeiro e a cronologia do tempo.

Para nós, a oposição entre o esperado campo de empregabilidade do verbo *amar* e da expressão *onze contos de réis* assinalam, na concretude do texto, a intenção comunicativa do enunciador, que é pontuar uma característica da personagem. Portanto, não é a manifestação escrita do contrário do que se pensa, mas, sobretudo, da manifestação escrita daquilo que realmente se intenciona dizer.

A ironia, nessa perspectiva textual, é também o registro (escrito ou falado) de uma **intenção comunicativa** mediada pela associação de ideias comumente empregadas em situações comunicativas distintas. Há, no entanto, manifestações de ironia que não estão marcadas na materialidade do texto. Observe a frase seguinte:

II.   Como você está bem vestida!

Ao contrário da primeira frase, essa segunda não apresenta, em sua materialidade, nenhum jogo associativo entre ideias díspares, não é mesmo? O efeito de ironia só poderia ser construído, nesse caso, com a compreensão do contexto enunciativo da frase. Isto é, a manifestação de juízo de valor sobre a vestimenta da interlocutora só pode ser compreendida como uma crítica ou um elogio se, de fato, observarmos a cena enunciativa. Se, na cena enunciativa, a interlocutora está adequadamente vestida, a frase constitui-se como um elogio; mas, se, contrariamente, a vestimenta da interlocutora foge muito dos padrões mais aceitáveis, uma crítica fica evidente.

A ironia, de acordo com nossas reflexões sobre a primeira e a segunda frase, não é a apresentação do contrário daquilo que se pensa, mas a materialização daquilo que de fato se pensa. Tal efeito é alcançado, algumas vezes, na própria materialidade do texto e, outras vezes, no próprio contexto enunciativo. Portanto, com a reflexão acerca das duas frases anteriormente exploradas, afirmamos que a ironia é caracterizada pela organização de um material linguístico que representa o oposto do que de fato se pensa. No entanto, essa oposição tanto pode estar registrada na própria materialidade do texto como também nos elementos que compõem o contexto comunicativo.

> A ironia é caracterizada pela organização de um material linguístico que representa o oposto do que de fato se pensa.

> Além disso, há outro aspecto extremamente relevante: a ironia só funciona como tal se houver, de um lado, a intenção de produzi-la e, de outro, a intenção de recebê-la. Então, para que o efeito de ironia se concretize, são necessários um sujeito com habilidade para produzir dualidades ou múltiplas possibilidades de sentido e, correspondentemente, um sujeito capaz de identificar esses efeitos de dualidade e múltiplas significações.

A produção e a compreensão do efeito da ironia dependem, assim como os efeitos da ambiguidade e do humor, da intencionalidade e da aceitabilidade dos interlocutores, muito mais do que da materialidade do texto. Talvez, por isso, ela não seja tão facilmente reconhecida.

Na segunda frase, dessa forma, só há ironia se os interlocutores, respectivamente, produzirem e reconhecerem tal efeito. Se um deles fizer realmente uma crítica à roupa do outro, mas o outro interlocutor considerar sua roupa muito apropriada, para este há a manifestação de um elogio.

A aceitabilidade, por seu turno, é o comprometimento que assume o interlocutor em reconhecer as intenções do produtor do texto. Isso, como vimos, não depende apenas da vontade dele, mas também da capacidade de interpretar o próprio contexto comunicativo.

Ao tratarmos da ambiguidade, do humor e da ironia neste capítulo, objetivamos evidenciar, por meio de exemplos que representassem situações reais de comunicação, mesmo que panoramicamente, como os sentidos podem ser produzidos, ou seja, como são inúmeros os aspectos que contribuem para a produção e a recepção de dado sentido. Dessa forma, destacamos como a linguística textual, ao longo de seu trajeto, superou barreiras, moldou seu objeto de estudo, aprimorou seus métodos de análise e se constituiu como área de conhecimento.

Síntese

Neste capítulo, evidenciamos que o texto é uma unidade comunicativa que, para sua produção e compreensão, não depende única e exclusivamente de elementos linguísticos. Para tanto, apresentamos os efeitos da ambiguidade, do humor e da ironia.

A ambiguidade, primeiramente, foi abordado como um efeito de sentido que tanto pode corresponder ao plano comunicativo do autor (propagandas, anúncios, textos humorísticos etc.) quanto pode surgir espontaneamente. Destacamos que, quando for uma inadequação, pode ser esclarecida não apenas por meio de estratégias linguísticas na superfície textual, mas também pela análise dos elementos que compõem o entorno comunicativo.

O humor, por sua vez, foi apresentado como um efeito construído, sobretudo, pela quebra da linearidade da narrativa. Isso exige o envolvimento do leitor/ouvinte para que se efetive. Além disso, evidenciamos que a demanda comunicativa (causar graça), de certa forma, influencia a organização formal do texto e também caracteriza gêneros de textos humorísticos.

Por último, apresentamos a ironia como um efeito de sentido que tanto pode estar registrado na materialidade do texto quanto ser compreendido somente com o texto em funcionamento, isto é, no processo de interação.

Assim, com essas três reflexões, demonstramos, mais uma vez, o processo evolutivo da linguística textual – da frase ao contexto sociointeracional.

Atividades de autoavaliação

1. Analise as afirmativas a seguir.

   I. A ambiguidade, o humor e a ironia são efeitos de sentidos produzidos exclusivamente na materialidade dos textos.

   II. Fatores de ordem cognitivista e pragmática contribuem significativamente para a produção e a recepção de efeitos de sentidos como ambiguidade, humor e ironia.

   III. A coerência de um texto depende de fatores presentes no universo textual e do conhecimento de mundo de quem processa o discurso.

   IV. A ambiguidade, o humor e a ironia são efeitos de sentidos produzidos exclusivamente por elementos externos ao texto (aspectos pragmáticos, cognitivos, interacionais etc.).

   Agora, assinale a alternativa que apresenta somente os itens verdadeiros:
   a. I, II e III.
   b. III e IV.
   c. I, II e IV.
   d. II e IV.
   e. II e III.

2. Relacione os efeitos de sentidos aos respectivos conceitos.

I. Ambiguidade
II. Humor
III. Ironia

( ) Manifestação de linguagem caracterizada pela quebra da expectativa do leitor/ouvinte, isto é, uma mudança brusca no fio narrativo.

( ) Estratégia retórica de apresentação de uma ideia contrária ao que de fato se acredita.

( ) Manifestação linguística (escrita ou falada) que tem a possibilidade de mais de uma interpretação.

Agora, assinale a alternativa que corresponde à sequência correta:

a. II, I, III.
b. II, III, I.
c. I, III, II.
d. I, II, III.
e. III, I, II.

3. Sobre ambiguidade, analise as afirmativas a seguir.

I. A ambiguidade é um efeito de sentido que, para sua efetivação, depende obrigatoriamente de dois aspectos: intencionalidade (projeto comunicativo) e aceitabilidade (disponibilidade de aceitar como tal o texto apresentado).

II. A ambiguidade pode ser um efeito de sentido criado propositalmente para atender a uma necessidade comunicativa específica, como criar mais de uma possibilidade de interpretação em uma propaganda que anuncia um produto. Mas, por outro lado, pode ser produzida independentemente da intenção do autor, apenas por uma organização menos atenta de um texto.

III. Quando a ambiguidade é produzida propositalmente, o leitor/ouvinte tanto pode reconhecer que tal efeito corresponde ao plano comunicativo quanto pode não compreender a duplicidade, ignorando as intenções do autor.

IV. A ambiguidade produzida incidentalmente, isto é, sem fazer parte de um plano inicial do autor, não será compreendida como tal pelo leitor/ouvinte. Nesse caso, trata-se de uma inadequação textual, e não de construção ambígua.

Agora, assinale a alternativa que apresenta somente os itens verdadeiros:

a. I e II.
b. I, II e IV.
c. II, III e IV.
d. II e III.
e. II.

4. Sobre efeitos de humor, classifique as afirmativas a seguir como verdadeiras (V) ou falsas (F).

( ) A piada, como um gênero de texto, é caracterizada pela quebra da linearidade no fio narrativo, independentemente do lugar em que o texto circulará.

( ) Para a efetivação do efeito de humor, é necessário um deslizamento de significados, isto é, comumente é apresentada uma situação socialmente conhecida que, posteriormente, é alterada de um modo que leve o leitor/ouvinte a uma interpretação diferente da previsível.

(   ) A estrutura formal do texto humorístico atende a uma necessidade comunicativa, isto é, o texto é organizado para preparar o leitor/ouvinte para o desfecho final, quando o efeito de humor se concretiza. Inverter a ordem dos fatos no texto, então, não favoreceria o cumprimento do plano comunicativo inicial.

(   ) O humor trabalha no limite da coerência, isto é, o efeito de humor é produzido exatamente no instante em que a situação sofre uma ruptura da lógica narrativa, que deve assumir um novo rumo ou pode configurar-se como algo incoerente.

Agora, assinale a alternativa que corresponde à sequência correta:
a. F, V, V, V.
b. V, V, V, F.
c. V, V, F, V.
d. V, F, V, F.
e. F, F, V, V.

5. Sobre o efeito da ironia, classifique as afirmativas a seguir como verdadeiras (V) ou falsas (F).

(   ) A ironia é a exteriorização do contrário do que se pensa, mas que, em dada situação de comunicação, deixa implícita sua real intenção, geralmente em forma de crítica, apenas na materialidade do texto.

(   ) A ironia não é a apresentação do contrário daquilo que se pensa, mas a manifestação daquilo que de fato se pensa. Porém, tal efeito é alcançado, algumas vezes, na própria materialidade do texto e, em outras, no próprio contexto enunciativo.

(   ) A ironia só funciona como tal se houver, de um lado, a intenção de produzi-la e, de outro, a intenção de recebê-la. Assim, para que o efeito de ironia se concretize, são necessários um sujeito com habilidade para produzir dualidades ou múltiplas possibilidades de sentido e, correspondentemente, um sujeito capaz de identificar esses efeitos de dualidade e múltiplas significações.

(   ) A ironia é a apresentação do contrário daquilo que de fato se pensa; tal efeito, no entanto, só é possível de ser observado na materialidade do texto.

Agora, assinale a alternativa que corresponde à sequência correta:
a. V, V, V, V.
b. V, F, V, V.
c. V, F, F, V.
d. F, V, F, F.
e. F, V, V, F.

Atividades de aprendizagem

Questões para reflexão

1. Qual é a importância do interlocutor para a produção dos efeitos de ambiguidade, humor e ironia? Justifique sua resposta.

2. Qual é a interferência da situação comunicativa para a produção dos efeitos de ambiguidade, humor e ironia? Justifique sua resposta.

Atividades aplicadas: prática

1. Indique duas possibilidades de leitura para a frase a seguir. Depois, descreva uma cena (contexto pragmático) para cada frase que desfaça a ambiguidade.

> A professora pediu ao aluno para assinar o documento.

2. Explique o que produz o efeito de humor neste texto:

> O aluno, ao chegar atrasado para a aula, ouve da professora:
> — Nossa, mais uma vez chegando atrasado, assim não dá....
> Imediatamente ele responde:
> — Mas, pera aí, foi a senhora mesmo que disse que nunca é tarde pra aprender!

3. Identifique a ironia no trecho a seguir. Depois, explique como tal efeito é produzido.

> Os políticos são muito honestos na arte de roubar.

4. Amplie seus conhecimentos com uma pesquisa sobre os mecanismos de produção de sentido e os conhecimentos do leitor ativados no processo de leitura. Em seguida, escolha um dos três sentidos trabalhados neste capítulo (ambiguidade, humor ou ironia) e produza um mapa conceitual que demonstre as possibilidades de leituras.

um   Aspectos históricos
dois   Percurso da linguística textual
três   Evolução do conceito de *texto*
quatro   Coesão e coerência
cinco   Ambiguidade, humor, ironia: efeitos de sentidos

seis   Análise de textos na perspectiva da linguística textual

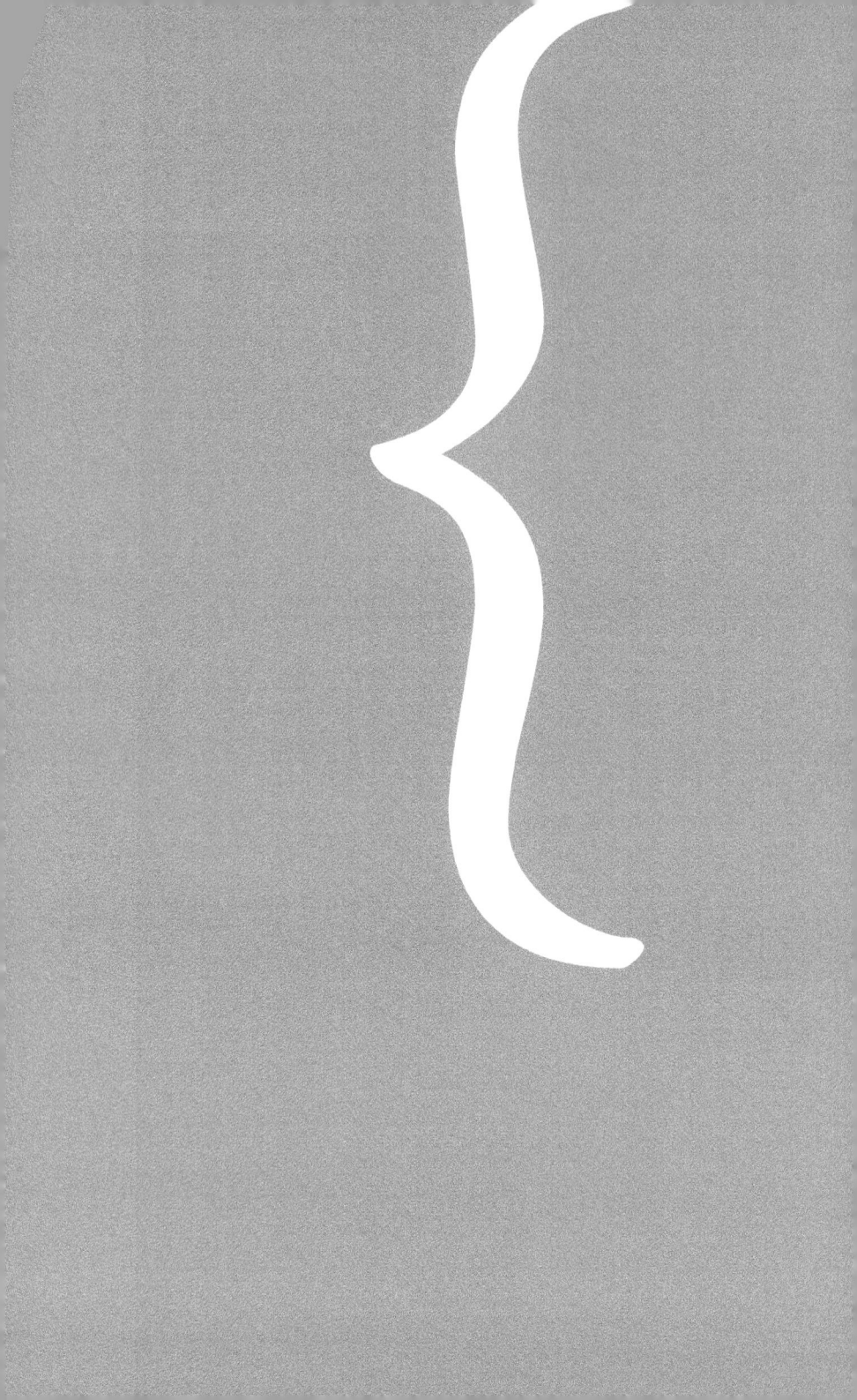

{

C NESTE CAPÍTULO, abordaremos a análise de textos na perspectiva da linguística textual. Para tanto, o texto será o objeto central, de modo que qualquer procedimento que não considere o texto em seu aspecto global não pode ser nomeado como *análise de texto*. Ao mesmo tempo, evidenciaremos como predominaram por tanto tempo, na nossa cultura, as análises que levavam em conta apenas os aspectos gramaticais – contudo, vale ressaltar que não estamos desconsiderando a gramática.

Por fim, apresentaremos os conceitos de *análise de texto* (linguística) e problematizaremos a análise de texto no ambiente da escola, considerando como os documentos oficiais norteadores tratam a questão.

seispontoum
Parâmetros para a análise de textos

Estabelecer limites e fronteiras para uma análise de texto na perspectiva da linguística textual é uma tarefa complexa e pouco produtiva, haja vista que o conceito de *texto* hoje predominante está alicerçado nos aspectos materiais linguísticos, é claro, mas também em aspectos sociais, cognitivos, pragmáticos, interacionais etc.

> Então, por um lado, propor procedimentos de análise de textos com base exclusivamente nos aspectos formais da língua é retroceder, desconsiderar toda a evolução teórica alcançada, retomar os primeiros momentos de pesquisa, ou seja, simboliza repetir o que já foi feito e superado. Por outro lado, criar metodologias de análises para relacionar todas as disciplinas com as quais a linguística textual estabelece relação também nos parece, além de exaustivo, desnecessário.

Interessa-nos, prioritariamente, modos de análises que consideram o funcionamento dos textos em situações reais de comunicação. Assumimos, neste livro, o texto como o próprio lugar em que a interação se concretiza. À medida que o texto toma forma, assumindo um lugar no processo interativo, desempenhando uma função social, igualmente os sujeitos sociais, dialogicamente, constituem-se.

O texto, nessa perspectiva, torna-se o registro material das escolhas que os sujeitos realizam em determinada situação de interação segundo as inúmeras opções que língua oferece. Esse registro material evidencia, além das características do próprio ato comunicativo, a constituição de seus participantes.

> À medida que o texto vai tomando forma, assumindo um lugar no processo interativo, desempenhando uma função social, igualmente os sujeitos sociais, dialogicamente, vão constituindo-se.

Se, conforme estamos postulando, os textos representam as situações reais de comunicação, isto é, o texto é a própria manifestação da interação entre sujeitos sociais, seus limites e suas fronteiras serão estabelecidos no processo interativo e serão tão variados quantas são as possibilidades de interação. Por esse motivo, os limites e as fronteiras dos textos não são facilmente reconhecidos. No entanto, é preciso ressaltar que de modo algum essa afirmativa indicaria que eles não existam; estamos dizendo que é necessário buscá-los em outras paragens além daquelas expressas na materialidade do texto.

Ao longo desta obra, foi possível observar como o conceito de *texto* mudou e, consequentemente, quantos limites foram superados, sempre ampliando seu espaço de atuação. A cada novo ciclo, uma nova fronteira. Essa delimitação fronteiriça tem um aspecto generalizante e teórico, pois, em sua individualidade, cada texto apresenta um modo particular de produção de significados. Os recursos empregados para a compreensão de um texto podem não ser os mesmos adotados para a compreensão de outro, uma vez que, como dissemos, eles representam as incontáveis situações comunicativas.

Os limites e as fronteiras do texto são estabelecidos no processo de interação (construção e recepção) deste.

FIGURA 6.1 – PROCESSO DE INTERAÇÃO

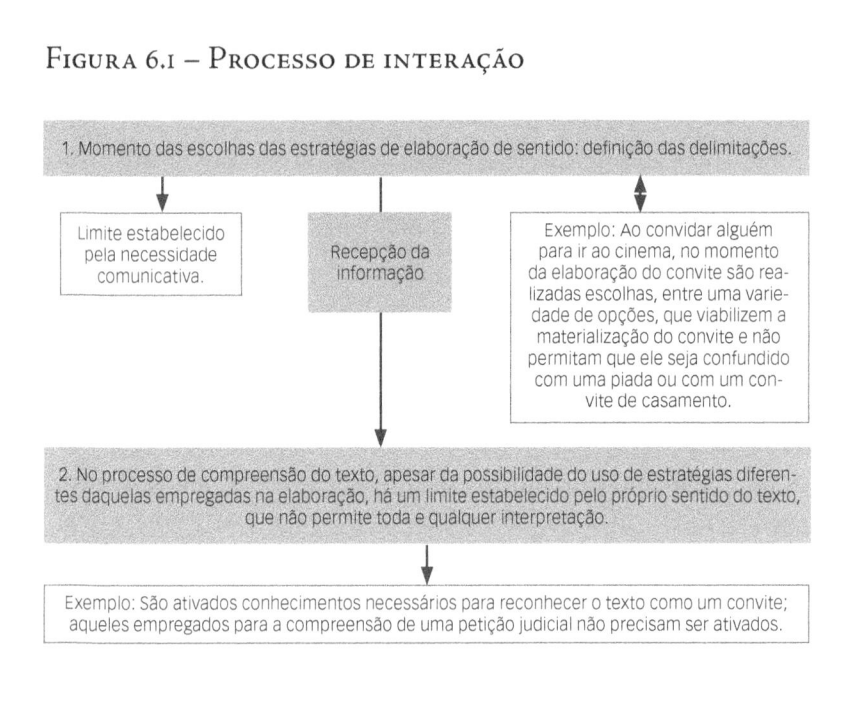

1. Momento das escolhas das estratégias de elaboração de sentido: definição das delimitações.		
Limite estabelecido pela necessidade comunicativa.	Recepção da informação	Exemplo: Ao convidar alguém para ir ao cinema, no momento da elaboração do convite são realizadas escolhas, entre uma variedade de opções, que viabilizem a materialização do convite e não permitam que ele seja confundido com uma piada ou com um convite de casamento.
2. No processo de compreensão do texto, apesar da possibilidade do uso de estratégias diferentes daquelas empregadas na elaboração, há um limite estabelecido pelo próprio sentido do texto, que não permite toda e qualquer interpretação.		
Exemplo: São ativados conhecimentos necessários para reconhecer o texto como um convite; aqueles empregados para a compreensão de uma petição judicial não precisam ser ativados.		

Os limites e as fronteiras do texto são estabelecidos, portanto, pelos sujeitos sociais em um processo de interação no qual são, dialogicamente, constituídos tanto os sujeitos quanto o próprio texto. Ressaltamos que, se os textos são constituídos na interação, não restam dúvidas de que seus limites e suas fronteiras também são estabelecidos nesse momento.

O texto, por essa razão, não é um objeto completo e terminado, com limites e fronteiras bem definidos. Ao contrário, é uma construção permeada por implícitos e lacunas que só serão preenchidos no contexto interacional. Então, o que deve ou não compor esta ou aquela estrutura textual será determinado socialmente.

> Não existe, portanto, texto sem sentido (incoerente), pois sempre haverá uma situação comunicativa em que os sujeitos envolvidos poderão atribuir significados. A incoerência, dessa forma, é a falta de recursos linguísticos capazes de levar os sujeitos a ativar determinados conhecimentos que os conduzam a reconhecer um sentido lógico para o texto. A incoerência, para nós, não está no texto em si, mas na falta de relação entre o texto, os interlocutores e a situação comunicativa.

Se, como já dissemos, os limites e as fronteiras do texto são definidos no processo de interação, uma análise de texto só pode ser considerada como tal se respeitar as delimitações construídas na interação. Portanto, não pode ser previamente instaurada; é necessário observar o texto em funcionamento para, só então, descobrir quais recursos estão envolvidos no processo de produção do sentido. Dessa forma, podemos enumerar os procedimentos de análise. Esse modo de análise, na literatura especializada, recebe o nome de *análise linguística*. O termo foi cunhado por Geraldi (1984), no texto "Concepções de linguagem e ensino de Português", que faz parte do livro *O texto na sala de aula*. Nesta obra, utilizaremos tanto a expressão *análise de texto* quanto *análise linguística*.

seispontodois
O que **não** é uma análise para a linguística textual?

Quando não entendemos um texto, geralmente, o último recurso a que recorremos para nos auxiliar é consultar um livro de gramática, não é mesmo? Não buscamos, por exemplo, as regras de concordância para compreende uma frase e reconhecer nela o efeito de ironia. Também não recorremos à classificação gramatical de uma palavra para entender o seu significado em uma frase e julgá-la como adequada ao contexto ou não.

Por outro lado, é muito comum, em uma conversa informal, perguntarmos: O que você quis dizer com isso? E esse questionamento não remete ao não entendimento de partes isoladas do texto, mas ao sentido global do que foi enunciado.

Igualmente, quando transmitimos algo, é corriqueiro buscarmos a certificação de que o sentido global do texto foi corretamente interpretado pelo interlocutor. Por exemplo, quando precisamos transmitir uma notícia triste, pensamos em quais palavras usar para que nosso interlocutor entenda o que estamos dizendo e, geralmente, procuramos fazer isso de maneira delicada, por meio de gestos, expressões e termos selecionados para essa transmissão.

Isso, na prática, revela que segmentar os textos em unidades menores e analisá-las isoladamente, como nas consultas descontextualizadas à gramática, pouco ajuda na compreensão do sentido global do texto. Consequentemente, essa prática não auxilia o desenvolvimento de habilidades eficientes de escrita e de compreensão de textos. Ao contrário, acaba por limitar o sujeito a um número cada vez mais reduzido de textos e, portanto, de experiências comunicativas.

É claro que os recursos disponibilizados pelas gramáticas têm importância ímpar. Não estamos dizendo o contrário, somente afirmando que, para a compreensão de um texto como o elemento em que a interação se efetiva, tais conhecimentos são apenas parte, e não o todo. Observe que, para reconhecer o efeito de humor no texto a seguir, refletir sobre o uso dos porquês pouco colaboraria com a interpretação.

> — Por que no dia dos namorados o comércio vende muito mais do que no dia das mães?
> — Porque mãe a gente só tem uma.

Como já dissemos, os conhecimentos linguísticos sobre a diferença de significados das grafias dos porquês ajudam a, por exemplo, reconhecer a primeira frase como uma pergunta, e a segunda, como uma resposta. Identificamos essa função local interna no texto. No entanto, relembramos: ela só contribui para a construção global do sentido quando associada a outros recursos da língua em determinada situação comunicativa.

Para reconhecer o efeito de humor no texto anterior, é preciso saber ler também o que não está escrito, o que não está registrado na materialidade do texto, mas apenas sugerido intencionalmente pelos interlocutores, registrado na própria cena comunicativa. Nesse caso, inferir que a justificativa para o maior movimento no comércio é motivado pela oposição entre a quantidade de mãe que uma pessoa tem (registrado no texto) e a quantidade de relações de namoro que essa mesma pessoa pode estabelecer (não está registrado no texto).

> Preste atenção!
>
> A análise de textos não é a investigação dos aspectos isolados dos recursos da língua, pois essa abordagem não é central para a compreensão do texto. Não é dispensável, mas também não é suficiente. Trata-se apenas de uma análise gramatical.

Essa confusão entre o que é uma análise gramatical e o que é uma análise de texto certamente está alicerçada sobre a concepção de língua e de texto adotada, pois, se a língua for compreendida como um sistema de regras fechado em si mesmo, e o texto, como uma unidade igualmente fechada e acabada submetida a essas regras, é evidente que a análise privilegiará apenas os aspectos internos da língua. Em contrapartida, se a língua é vista como um fenômeno social, e o texto, como o próprio lugar da interação, é igualmente lógico que a análise deverá também contemplar elementos externos ao texto.

No Quadro 6.1, analise a síntese feita por Mendonça (2006) sobre a complexidade dessa discussão.

QUADRO 6.1 – CARACTERÍSTICAS DO ENSINO DE GRAMÁTICA E DA ANÁLISE LINGUÍSTICA

Ensino de gramática	Prática de análise linguística
Concepção de língua como sistema, estrutura inflexível e invariável.	Concepção de língua como ação interlocutiva situada, sujeita às interferências dos falantes.
Fragmentação entre os eixos de ensino: as aulas de gramática não se relacionam necessariamente com as de leitura e de produção textual.	Integração entre os eixos de ensino: a AL [análise linguística] é ferramenta para a leitura e a produção de textos.
Metodologia transmissiva, baseada na exposição dedutiva (do geral para o particular, isto é, das regras para o exemplo) + treinamento.	Metodologia reflexiva, baseada na indução (observação dos casos particulares para a conclusão das regularidades/regras).
Privilégios das habilidades metalinguísticas.	Trabalho paralelo com habilidades metalinguísticas e epilinguísticas.

(continua)

(Quadro 6.1 – conclusão)

Ensino de gramática	Prática de análise linguística
Ênfase nos conteúdos gramaticais como objetos de ensino, abordados isoladamente e em sequência mais ou menos fixa.	Ênfase nos usos como objetos de ensino (habilidades de leitura e escrita), que remetem a vários outros objetos de ensino (estruturais, textuais, discursivos, normativos), apresentados e retomados sempre que necessário.
Centralidade da norma-padrão.	Centralidade dos efeitos de sentido.
Ausência de relação com as especificidades dos gêneros, uma vez que a análise é mais de cunho estrutural e, quando normativa, desconsidera o funcionamento desses gêneros nos contextos de interação verbal.	Fusão do trabalho com os gêneros, na medida em que contempla justamente a intersecção das condições de produção dos textos e as escolhas linguísticas.
Unidades privilegiadas: a palavra, a frase e o período.	Unidade privilegiada: o texto.
Preferência pelos exercícios estruturais de identificação e classificação de unidades/funções morfossintáticas e correção.	Preferência por questões abertas e atividades de pesquisa, que exigem comparação e reflexão sobre adequação e efeitos de sentido.

FONTE: Mendonça, 2006, p. 207.

Essa divisão tem uma acentuada intenção pedagógica, pois, na prática, uma análise não poderia desconsiderar totalmente as regras internas da língua, já que não haveria no que ancorar as discussões. Assim, não é uma análise de texto aquela que pretende, se é que é possível, estudar isoladamente um aspecto da língua para compreender a complexidade que caracteriza o texto.

Sobre essa divisão, Antunes (2010, p. 15) afirma:

> A teoria apenas, sem a prática da análise, pode representar uma abstração, um conjunto de hipóteses, de suposições, simplesmente. Em termos de linguagem, pode parecer uma referência a algo que não pertence à nossa experiência concreta de falantes e ouvintes. Por sua vez, a análise, apenas, não se desenvolve sem os fundamentos de princípios teóricos consistentes. Teoria e análise se alimentam mutuamente.

Nessa mesma perspectiva, Wachowicz (2010, p. 14) enumera diversas modalidades de estudos da língua que, isoladamente, têm relevâncias, mas que, para a compreensão do texto, devem ser agrupadas:

Logo, na régua baixa, análise linguística não é levantamento de fatores contextuais que condicionam um texto a ser o que é. Análise linguística não é – no seco – tratamento sociopragmático do texto; não é puramente a análise das vozes ideológicas do fio discursivo; e também não é simplesmente conteúdo temático que provoca sua construção argumentativa. É tudo isso voltado à língua. Nesse momento, o professor de língua é um linguista, ele observa, na sua lente investigatória, o dado da língua que faz significação, o dado da língua que faz efeito de sentido e, por conseguinte, que satisfaz a uma situação comunicativa.

Concluímos, dessa forma, que os procedimentos que observam isoladamente os recursos disponibilizados pela língua não podem ser considerados *análise de texto*. Na individualidade, exilado do contexto comunicativo, nenhum aspecto da língua constrói sozinho o sentido do texto. Mesmo que pareça lógico que uma parte não assegura o todo, por muito tempo as pesquisas sobre a língua se pautaram pelos estudos de partes isoladas (sintaxe, semântica, pragmática, estilística etc.), como se elas, isoladamente, compusessem o sentido mais amplo, o texto.

> Os procedimentos que observam isoladamente os recursos disponibilizados pela língua não podem ser considerados *análise de texto*.

Se, por um lado, uma análise de texto não é a análise dos elementos isolados, por outro, não é a soma desses estudos que vai constituir tal análise. Não basta, por exemplo, considerar os aspectos semânticos e sintáticos, um a um, para atingir um sentido maior. Além de não funcionar, seria uma análise predominantemente gramatical.

Assim, todo e qualquer procedimento que não aponte, entre muitas opções, as mais diversas áreas do conhecimento, os recursos necessários para a compreensão do texto, de fato, não é uma análise de texto.

seispontotrês
O que é uma análise para a linguística textual?

A análise de textos, ao contrário do que comumente se pensa, não é uma prática reservada apenas aos especialistas no assunto, restrita ao universo acadêmico. Tampouco é um exercício cuja resolução seja uma tarefa hercúlea, pois suas regras seriam tantas e tão complexas que a melhor opção seria mesmo deixar para os estudiosos que se debruçam sobre a questão.

A análise de textos é uma prática recorrente e comum. Fazemos análises de textos em todo momento e nas mais variadas circunstâncias do nosso dia a dia. Paramos para pensar, por exemplo, o que causou o mal-entendido em uma conversa, ficamos atentos para identificar detalhes que revelem uma mentira, escolhemos determinadas palavras conforme o ambiente e o interlocutor, enfim, a todo instante estamos refletindo sobre o uso dos recursos linguísticos para a produção deste ou daquele sentido.

Há, é claro, processos mais complexos de análises de textos, mas, nem por isso, menos usuais. Por exemplo, consultar no dicionário o significado de uma palavra para compreender um texto de jornal, julgar inadequada a resposta de um entrevistado para a pergunta do entrevistador, pedir uma explicação sobre uma frase, retomar a leitura de um parágrafo cuja estrutura é um pouco mais complexa, são todas práticas que realizamos cotidianamente sem nos darmos conta, no entanto, de que estamos fazendo análise de texto.

> Fazemos análises de texto intuitivamente porque essa é uma necessidade humana. Compreender o mundo representado por palavras é uma demanda do indivíduo que vive em sociedade. A palavra é a própria manifestação da interação, então, quanto mais tivermos competências para usá-las, melhor compreenderemos os outros e a nós mesmos.

Como a língua é um fenômeno social, são necessários esforços constantes para entender os significados que são produzidos por meio dela. Do contrário, somar situações em que os sentidos não são alcançados, certamente, só restringe o sujeito a um número cada vez menor de práticas sociais, inclusive o colocando em uma posição de submissão, já que não terá condições de, por exemplo, reconhecer e requerer seus direitos.

De forma geral, analisar texto é, sobretudo, compreender o sentido global. É observar como os recursos disponibilizados pela língua são organizados em dada manifestação de linguagem para produzir determinado sentido. Em outras palavras, analisar um texto não é verificar como as partes compõem o todo, mas como cada parte contribui para que o sentido global seja construído.

Consideramos importante e, por isso, repetimos que a análise de texto não é partir de elementos menores, locais, internos ao texto, para atingir o sentido mais amplo. Ao contrário disso, é sair do sentido mais amplo e verificar como as partes menores contribuem para a produção de tal sentido. Por exemplo, classificar todas as palavras de uma frase e observar se as posições sintáticas estão completas e adequadas não seria suficiente para reconhecer uma ambiguidade. Para isso, é necessário fazer o caminho inverso: partir da ambiguidade para observar como os elementos envolvidos foram selecionados e organizados para produzir o efeito final.

> Analisar um texto não é verificar como as partes compõem o todo, mas como cada parte contribui para que o sentido global seja construído.

Fazer análise de texto é, como dissemos no capítulo anterior, compreender como os efeitos de sentido da ambiguidade, do humor e da ironia são construídos a partir, mas não apenas, da materialidade do texto. É, entre tantas outras possibilidades, interpretar leis, holerites, poemas, extratos bancários, relatórios, resenhas, propagandas, resumos, anúncios etc.

Nesse mesmo sentido, Wachowicz (2010), em meio a um sem-número de casos, enumera algumas **possibilidades de unidades de análise por associarem aspectos gramaticais aos seus possíveis usos comunicativos**. Reapresentamos, agora, para que você tenha exemplos concretos de como os elementos gramaticais podem funcionar em uma unidade comunicativa e, portanto, quais caminhos uma análise de texto pode seguir. Veja:

1. *O uso de pronomes dêiticos (pessoais, possessivos, demonstrativos) e sua relação com a construção do contexto de produção;*
2. *o uso de tempos verbais de valor imperfectivo (presente, pretérito imperfeito etc.) na passagem aos de valor perfectivo (pretérito perfeito, passado composto etc.) em desenvolvimento de gêneros orientados à narrativa;*
3. *o uso de formas verbais de comando ou instrução (modo imperativo, presente com dêitico você) e sua relação com textos publicitários da ordem do tratamento direto;*
4. *o uso de articuladores de oposição (no entanto, em contrapartida, por outro lado, em oposição a etc.) e sua direta relação com textos com opção argumentativa da ordem da contradição;*
5. *uso de substantivos abstratos, em detrimento dos concretos, e seu uso recorrente em textos da ordem da descrição, como ensaios, artigos etc., em oposição aos textos da ordem do relato ou da narrativa, com especial emprego de substantivos concretos.* (Wachowicz, 2010, p. 33)

Como é possível inferir, a análise de texto rompe com uma visão descritiva e prescritiva de língua, priorizando os estudos sobre os modos de uso da língua. Isto é, em vez de descrever regras e classificar os elementos, usando o texto apenas como pretexto, uma análise textual considera fundamentais os elementos gramaticais na produção dos sentidos. Em síntese, o objetivo final é compreender o sentido global do texto.

Analisar o texto permite, por exemplo, compreender a frase *Preciso de um café*, pronunciada em determinada situação de comunicação, como a solicitação de uma pausa ou como a necessidade de alimentação; ou, ainda, interpretar a frase *Tem muito vento aqui* como um pedido para fechar as janelas. Enfim, fazer análise de texto, na perspectiva da linguística textual, é compreender os sentidos produzidos por meio do emprego consciente dos recursos da língua em uma situação específica de comunicação.

Em outras palavras, mas na mesma perspectiva, Antunes (2010, p. 49) apresenta a análise de texto como uma prática cujo objetivo é:

> *procurar descobrir, entre outros pontos, seu esquema de composição; sua orientação temática; seu propósito comunicativo; é procurar identificar suas partes constituintes; as funções pretendidas para cada uma delas, as relações que guardam entre si e com elementos da situação, os efeitos de sentido decorrentes de escolhas lexicais e de recursos sintáticos. É procurar descobrir o conjunto de suas regularidades, daquilo que costuma ocorrer na sua produção e circulação, apesar da imensa diversidade de gêneros, propósitos, formatos, suportes em que eles podem ocorrer.*

Fechamos esta seção com a definição de *análise linguística* apresentada por Geraldi (1984, p. 74):

O uso da expressão "análise linguística" não se deve ao mero gosto por novas terminologias. A análise linguística inclui tanto o trabalho sobre as questões tradicionais da gramática quanto amplas a propósito do texto, entre as quais vale a pena citar: coesão e coerência internas do texto; adequação do texto aos objetivos pretendidos, análise dos recursos expressivos utilizados (metáforas, metonímias, paráfrases, citações, discurso direto e indireto etc.); organização e inclusão de informações etc. Essencialmente, a prática de análise linguística não poderá limitar-se à higienização do texto do aluno em seus aspectos gramaticais e ortográficos, limitando-se a "correções". Trata-se de trabalhar com o aluno o seu texto para que ele atinja seus objetivos junto aos leitores que se destina.

Observe que, apesar da data, tal definição é extremamente atual, haja vista o amplo emprego da expressão *análise linguística* tanto por pesquisadores da atualidade quanto pelos documentos oficiais de orientação do trabalho pedagógico direcionados ao sistema de educação.

seispontoquatro
Análise de textos no contexto escolar

Apesar de todos os avanços alcançados pelos estudos da língua, conforme constatamos neste livro, a sala de aula ainda é um espaço em que os estudos exclusivamente gramaticais normativos atuam predominantemente. Trata-se de um fenômeno complexo: de um lado, os documentos norteadores oficiais refletem a evolução das teorias linguísticas, encaminham orientações respaldadas em conceitos e procedimentos metodológicos defendidos pelos pesquisadores mais atuantes e significativos; de outro lado, não são raras as ocorrências de profissionais envolvidos com o ensino de língua que ainda pautam suas práticas pedagógicas em teorias comprovadamente ineficientes para o desenvolvimento de habilidades de leitura e de escrita dos alunos.

Ainda é muito recorrente entre pais e alunos a ideia de que uma boa aula de Língua Portuguesa é aquela em que o professor expõe exaustivamente uma quantidade de regras relativas a um tópico gramatical e, em seguida, solicita a resolução de exercícios estruturais usando palavras ou frases isoladamente como objeto de observação para realização do exercício. Para os pais, o resultado é bom e visível, pois o caderno está cheio, há várias folhas de exercícios; para os alunos, o professor é excelente porque consegue explicar todo o assunto, às vezes, sem consultar nenhum livro. Preenchem-se, dessa forma, os espaços: as folhas do caderno e o intervalo de tempo entre uma aula e outra.

É comum também profissionais que atuam indiretamente no ensino — por exemplo aqueles que compõem as equipes pedagógico-administrativas — pouco entenderem sobre teorias de usos da linguagem, sobretudo as mais atuais, e, pior ainda, orientarem práticas, no ambiente escolar, que requerem tal conhecimento.

É claro que exceções existem e não são poucas. Há professores comprometidos com o desenvolvimento de habilidades que tornem o aluno um usuário mais eficiente da linguagem, mas, infelizmente, este número ainda é assustadoramente inferior. Esses profissionais, certamente, trabalham em consonância com o que preconizam os documentos oficiais.

Observe que, já em 1997, os Parâmetros Curriculares Nacionais (PCN) colocavam o texto no centro do processo de ensino e aprendizagem. Mais ainda, postulavam o texto como a unidade comunicativa, e não as partes que o constituem. Veja o trecho a seguir:

> *Se o objetivo é que o aluno aprenda a produzir e a interpretar textos, não é possível tomar como unidade básica de ensino nem a letra, nem a sílaba, nem a palavra, nem a frase que, descontextualizadas, pouco têm a ver com a competência discursiva, que é questão central. Dentro desse marco, a unidade básica de ensino só pode ser o texto, mas isso não significa que não se enfoquem palavras ou frases nas situações didáticas específicas que o exijam.* (Brasil, 1997, p. 29)

Como é possível constatar, o compromisso do profissional da educação, mais especificamente do professor de Língua Portuguesa, é com o desenvolvimento de habilidade de leitura e de compreensão de textos. Portanto, os PCN, como documento oficial orientador das práticas pedagógicas, alcançam um grau elevado de coerência ao tratar o texto como uma questão central.

Por isso, a análise de texto (linguística), e não mais o ensino de gramática descontextualizado, é a indicação do documento. Confira:

As atividades de análise linguística são aquelas que tomam determinadas características da linguagem como objeto de reflexão. Essas atividades apoiam-se em dois fatores:

* a capacidade humana de refletir, analisar, pensar sobre os fatos e os fenômenos da linguagem; e
* a propriedade que a linguagem tem de poder referir-se a si mesma, de falar sobre a própria linguagem.

Isso torna possível organizar um trabalho didático de análise linguística, aqui denominado "Análise e reflexão sobre a língua", cujo objetivo principal é melhorar a capacidade de compreensão e expressão dos alunos, em situações de comunicação tanto escrita como oral. (Brasil, 1997, p. 53)

Posteriormente, em 2006, as Orientações Curriculares Nacionais para o Ensino Médio (OCN-EM) propunham, igualmente, um rompimento com uma concepção de ensino que considerava exclusivamente os aspectos gramaticais, ao apontar várias dimensões para o texto, conforme enumeramos a seguir:

(a) **linguística, vinculada**, portanto, aos recursos linguísticos em uso (fonológicos, morfológicos, sintáticos e lexicais);
(b) **textual, ligada, assim**, à configuração do texto, em gêneros discursivos ou em sequências textuais (narrativa, argumentativa, descritiva, injuntiva, dialogal);

(c) **sociopragmática e discursiva**, relacionada, por conseguinte:
- aos interlocutores;
- a seus papéis sociais (por exemplo, pai/filho, professor/aluno, médico/paciente, namorado/namorada, irmãos, amigos etc., que envolvem relações assimétricas e/ou simétricas);
- às suas motivações e a seus propósitos na interação (como produtores e/ou receptores do texto);
- às restrições da situação (instituição em que ocorre, âmbito da interação (privado ou público), modalidade usada (escrita ou falada), tecnologia implicada etc.);
- ao momento social e histórico em que se encontram engajados não só os interlocutores como também outros sujeitos, grupos ou comunidades que eventualmente estejam afeitos à situação em que emerge o texto.

(d) **cognitivo-conceitual**, associada aos conhecimentos sobre o mundo – objetos, seres, fatos, fenômenos, acontecimentos etc. – que envolvem os conceitos e suas inter-relações. (Brasil, 2006, p. 21-22, grifo do original)

 A leitura dessa citação evidencia que o ensino de língua portuguesa deve ser pautado pela análise do texto como um todo, identificando os elementos e as circunstâncias que colaboram para a produção do sentido do texto. Portanto, privilegiar apenas um aspecto da língua é negar ao estudante a construção de uma consciência linguística fundamental para uma formação cidadã; é desconsiderar toda a experiência adquirida ao longo da vida;

é negar condições para uma postura reflexiva; é inviabilizar a condição de protagonista nas ações coletivas.

Nessa mesma perspectiva, as Diretrizes Curriculares da Educação Básica (DCE) para a disciplina de Língua Portuguesa (Paraná, 2008) ressaltam a relevância de o trabalho pedagógico considerar os aspectos funcionais na produção da unidade de sentido. Assim justificam a importância de considerar as gramáticas descritivas, internalizadas, reflexivas, e não apenas a normativa. Ao enumerar uma gama de possibilidades que o professor pode realizar no trato com a língua portuguesa em sala de aula, as DCE explicitam seus princípios teóricos, isto é, evidenciam que a análise linguística deve ser uma prática que objetive alcançar o significado global do texto.

> *O professor poderá instigar, no aluno, a compreensão das semelhanças e diferenças, dependendo do gênero, do contexto de uso e da situação de interação, dos textos orais e escritos; a percepção da multiplicidade de usos e funções da língua; o reconhecimento das diferentes possibilidades de ligações e de construções textuais; a reflexão sobre essas e outras particularidades linguísticas observadas no texto, conduzindo-o às atividades epilinguísticas e metalinguísticas, à construção gradativa de um saber linguístico mais elaborado, a um falar sobre a língua.* (Paraná, 2008, p. 78)

É importante pontuar que, com essas indicações todas, não estamos propondo transformar os alunos em linguistas, especialistas nos estudos da linguagem, mas oportunizar a eles recursos suficientes para que possam interagir conscientemente em toda e qualquer esfera social de que queiram participar.

seispontocinco
O que devemos considerar em uma análise na perspectiva da linguística textual?

Ao longo deste capítulo, esperamos ter deixado claro que os limites e as fronteiras de uma análise de textos são estabelecidos pelos sentidos produzidos com base nos elementos que compõem o texto. Isso quer dizer que não há uma lista descritiva dos elementos que devem ser analisados nem um padrão de procedimentos, haja vista que os sentidos não são construídos de acordo com um *checklist*.

Os textos, no geral, guardam particularidades que não permitem a criação de um modelo de análise que dê conta de todo e qualquer texto. Não há textos completamente correspondentes entre si a ponto de viabilizarem um modelo de estudos. Por outro lado, criar um procedimento de análise tão particularizado seria uma atividade muito complexa e pouco produtiva. O que é possível é observar as regularidades dos textos em suas esferas reais de comunicação e, com base nisso, estabelecer critérios de estudos.

As OCN-EM (Brasil, 2006) propõem, em linhas gerais, diferentes dimensões do funcionamento do texto como possibilidades de abordagem para as análises, conforme podemos verificar no quadro a seguir.

QUADRO 6.2 – EIXOS ORGANIZADORES DAS ATIVIDADES DE LÍNGUA PORTUGUESA NO ENSINO MÉDIO – ANÁLISE DOS FATORES DE VARIABILIDADE DAS (E NAS) PRÁTICAS DE LÍNGUA(GEM)

Foco das atividades de análise
Elementos pragmáticos envolvidos nas situações de interação em que emergem os gêneros em estudo e sua materialidade – os textos em análise ✦ Papéis sociais e comunicativos dos interlocutores, relações entre esses propósitos discursivos, função sociocomunicativa do gênero, aspectos da dimensão espaço-temporal em que se produz o texto.
Estratégias textualizadoras ✦ Uso dos recursos linguísticos em relação ao contexto em que o texto é construído (elementos de referência pessoal, temporal, espacial, registro linguístico, grau de formalidade, seleção lexical, tempo e modos verbais). ✦ Uso de recursos linguísticos em processos de coesão textual (elementos de articulação entre segmentos do texto, referente à organização – temporal e/ou espacial – das sequências do texto ou à construção da argumentação). ✦ Modos de organização da composição textual – sequências textuais (tipos textuais narrativo, descritivo, argumentativo, injuntivo, dialogal). ✦ Organização da macroestrutura semântica (dimensão conceitual), articulação entre as ideias/proposições (relações lógico-semânticas). ✦ Organização e progressão temática.

(continua)

(Quadro 6.2 – conclusão)

Foco das atividades de análise
Mecanismos enunciativos + Formas de agenciamento de diferentes pontos de vista na textualização (identificação dos elementos que sinalizam as vozes e o posicionamento dos enunciadores trazidos à cena no texto), uso dos elementos de modalização (identificação dos segmentos que funcionam como indicações acerca do modo como o enunciador se posiciona nem relação ao que é dito, a seu interlocutor ou a si mesmo).
Intertextualidade + Estudo de diferentes relações intertextuais (por exemplo, entre textos que mantenham configuração formal similar, que circulem num mesmo domínio ou em domínios diferentes, que assumam um mesmo ponto de vista no tratamento do tema ou não).
Ações de escrita + Ortografia e acentuação. + Construção e reformulação (substituição, deslocamento, apagamento e acréscimo) de segmentos textuais de diferentes extensões e natureza (orações, períodos, parágrafos, sequências ou tipos textuais). + Função e uso da topografia do texto (envolvendo a disposição do texto na página, sua paragrafação, sua divisão em sequência, a eventual divisão em colunas, os marcadores de enumeração etc.) e de elementos tipográficos essenciais à produção de sentidos (o que diz respeito à pontuação, com especial atenção para o uso de aspas, parênteses e travessões).

FONTE: Brasil, 2006, p. 38-39.

Por sua vez, os PCN (Brasil, 1997, p. 30), de forma menos pontual, indicam que a análise de texto se constitui de dois tipos de atividades: as **epilinguísticas** e as **metalinguísticas**:

> Nas atividades epilinguísticas a reflexão está voltada para o uso, no próprio interior da atividade linguística em que se realiza. [...]
> Já as atividades metalinguísticas estão relacionadas a um tipo de análise voltada para a descrição, por meio da categorização e sistematização dos elementos linguísticos.

Já as DCE do Estado do Paraná (2008, p. 80), fundamentadas em Antunes (2007), indicam que a análise linguística, no que se refere à prática da leitura e da escrita, deve considerar propostas que focalizem "o texto como parte da atividade discursiva", conforme segue:

- *dos recursos gráficos e efeitos de uso, como: aspas, travessão, negrito, itálico, sublinhado, parênteses etc.;*
- *da pontuação como recurso sintático e estilístico em função dos efeitos de sentido, entonação e ritmo, intenção, significação e objetivos do texto;*
- *do papel sintático e estilístico dos pronomes na organização, retomadas e sequenciação do texto;*
- *do valor sintático e estilístico dos modos e tempos verbais em função dos propósitos do texto, estilo composicional e natureza do gênero discursivo;*

- do efeito do uso de certas expressões que revelam a posição do falante em relação ao que diz – expressões modalizadoras (ex.: felizmente, comovedoramente etc.);
- da associação semântica entre as palavras de um texto e seus efeitos para coesão e coerência pretendidas;
- dos procedimentos de concordância verbal e nominal;
- da função da conjunção, das preposições, dos advérbios na conexão do sentido entre o que vem antes e o que vem depois em um texto. (Paraná, 2008, p. 80)

Antunes (2010) postula a dimensão global do texto como o foco da análise, isto é, para a autora, uma análise não pode transformar o texto em um objeto de exploração de questões gramaticais, embora reconheça a importância da gramática. O texto, sim, deve ocupar a centralidade das descrições. A autora propõe dois critérios de análise, um voltado ao "exame do texto como um todo" e outro voltado ao "exame de uma ou outra de suas partes" (Antunes, 2010, p. 56). Para o primeiro critério, que toma a **dimensão global do texto**, são elencados os seguintes elementos para análise:

- o universo de referência – real ou fictício – para o qual o texto remete;
- seu campo discursivo de origem ou de circulação (isto é, campos científicos, didático, jurídico, religioso, político, de informação, de entretenimento, literário etc.);
- seu tema e sua ideia central;

- sua função comunicativa predominante;
- seu propósito ou sua intenção mais específica;
- a vinculação do título ao núcleo central;
- o critério da subdivisão em parágrafos;
- a direção argumentativa assumida;
- as representações, as visões de mundo, as crenças, as concepções que o texto deixa passar, explícita ou implicitamente;
- os padrões de organização decorrentes do tipo que o texto materializa; por exemplo, no caso de textos narrativos, a fidelidade ao esquema da narrativa; a ordenação na sequência dos fatos; a harmonia entre personagens, tempo, espaço e enredo;
- as particularidades da superestrutura de cada gênero (blocos, partes, subdivisões; formas de organização, de apresentação e de sequência dessas partes);
- seus esquemas de progressão temática;
- seus recursos de encadeamento, de articulação entre parágrafos ou períodos, a fim de lhe conferir a necessária continuidade;
- a síntese global de suas ideias ou informações;
- o discernimento entre as ideias principais e aquelas outras secundárias;
- sua adequação às especificidades dos destinatários envolvidos;
- sua relevância comunicativa na exposição de dados, de informações, de argumentos, isto é, o grau de novidade das

informações, o que determina o seu nível (alto, mediano ou baixo) de informatividade;

- o grau de adequação desse nível à situação comunicativa;
- suas relações com outros textos, o que inclui, mais especificamente, as remissões, as alusões, as práticas, as paráfrases, as paródias ou as citações literais. (Antunes, 2010, p. 56)

Para o segundo critério, aquele cujo foco são os **aspectos mais pontuais**, a autora elenca outra lista de elementos significativos para a análise:

- as expressões referenciais que introduzem os objetivos de referência;
- as retomadas dessas expressões referenciais, que asseguram a continuidade referencial pretendida, seja pela substituição pronominal (anáforas, catáforas pronominais e dêiticos textuais), seja pela substituição lexical (por sinônimos, hiperônimos ou expressões equivalentes);
- as diversas funções da repetição de palavras ou de segmentos maiores;
- as elipses;
- aspectos do significado de uma unidade, de uma expressão ou até de um morfema;
- o caráter polissêmico das palavras em decorrência de seu trânsito para um campo de referência;
- os segmentos em relação de sinonímia, antonímia, hiperonímia, paronímia;

- a associação semântica entre palavras (ou as cadeias ou redes de elementos afins que se distribuem ao longo do texto);
- a concordância verbal e nominal e suas relações com a continuidade temática do todo ou de uma passagem;
- os valores sintático-semânticos da conexão interfrásica possibilitados pelo uso de preposições, conjunções, advérbios e de respectivas locuções;
- o uso dos dêiticos pessoais, espaciais e temporais e a relação dessas expressões com elementos do contexto;
- a ocorrência de paráfrases e suas marcas indicativas;
- a presença de estruturas sintáticas paralelas;
- os efeitos de sentidos pretendidos pela alteração na ordem canônica das palavras (inversão ou deslocamento de um termo, por exemplo);
- os efeitos de sentido (ênfase, reiteração, refutação, ambiguidade, humor, gradação, contraste) pretendidos pela escolha de determinada palavra ou por certos recursos morfossintáticos e gráficos (aspas, itálico, sublinhado, diferentes cores, tamanhos e disposições das letras ou figuras etc.);
- os efeitos de sentidos pretendidos pela transgressão de qualquer um dos padrões morfossintáticos e semânticos estabelecidos;
- as marcas de ironia;
- as marcas de envolvimento do autor frente ao que é dito;
- os comentários do enunciador sobre seu próprio discurso;

- a forma (direta ou indireta) de como o interlocutor está presente ou apenas suposto;
- as "falas" que se fazem ouvir;
- os implícitos ou "vazios" de sentidos;
- os diferentes usos e correlações dos tempos e modos verbais;
- as marcas das especificidades de uso da oralidade ou da escrita;
- o nível de maior ou menor formalidade de linguagem utilizada;
- a presença de sinais que indicam a distribuição das informações em itens, em pontos distintos;
- as marcas de polidez convencionais;
- aspectos da pontuação, da ortografia das palavras e da apresentação gráfica do texto, subordinados, sempre, à coerência e à relevância;
- e outras questões que se ponham a descoberto em uma ou outra análise. (Antunes, 2010, p. 57-58)

Por último, apresentamos a proposta de agrupamento de gêneros de Dolz e Schneuwly (2004, p. 51-52), que, de modo inovador, indicam que gêneros de diferentes orientações tipológicas podem – acreditamos que devem – ser explorados em todas as etapas do ensino. Não poderia ser diferente se o gênero for tomado como elemento central do processo de ensino e de aprendizagem.

Quadro 6.3 – Agrupamento de gêneros

Domínios sociais de comunicação	ASPECTOS TIPOLÓGICOS Capacidades de linguagem dominantes	Exemplos de gêneros orais e escritos
Cultura literária ficcional	NARRAR *Mimeses* da ação através da criação	Conto maravilhoso Fábula Lenda Narrativa de aventura Narrativa de ficção científica Narrativa de enigma Novela fantástica Conto parodiado...
Documentação e memorização de ações humanas	RELATAR Representação pelo discurso de experiências vividas, situadas no tempo	Relato de experiências vividas Relato de viagem Testemunho *Curriculum vitae* Notícia Reportagem Crônica esportiva Ensaio biográfico...
Discussão de problemas sociais controversos	ARGUMENTAR Sustentação, refutação e negociação de tomadas de posição	Texto de opinião Diálogo argumentativo Carta do leitor Carta de reclamação Deliberação informal Debate regrado Discurso de defesa (adv.) Discurso de acusação (adv.)

(continua)

(Quadro 6.3 – conclusão)

Domínios sociais de comunicação	ASPECTOS TIPOLÓGICOS Capacidades de linguagem dominantes	Exemplos de gêneros orais e escritos
Transmissão e construção de saberes	EXPOR Apresentação textual de diferentes formas dos saberes	Seminário Conferência Artigo ou verbete de enciclopédia Entrevista de especialista Tomada de notas Resumo de textos "expositivos" ou explicativos Relatório científico Relato de experiência científica
Instruções e prescrições	DESCREVER AÇÕES Regulação mútua de comportamento	Instruções de montagem Receita Regulamento Regras de jogo Instruções de uso Instruções

FONTE: Dolz; Schneuwly, 2004, p. 51-52.

Por fim, é válido mencionar que, nesta seção, indicamos algumas sugestões de modos de abordagem do texto que, embora representem as tendências mais atuais de pesquisa, constituem apenas uma amostra das possibilidades de trabalho com textos que fujam de uma abordagem enraizada na descrição e na prescrição de regras e modos.

Síntese

Neste capítulo, propusemos uma reflexão sobre o conceito de *análise de texto* na perspectiva da linguística textual. Ao colocar o texto como o objeto central da análise, postulamos que qualquer procedimento que não considere o texto em seu aspecto global não pode ser nomeado como uma análise de texto. No entanto, essa opção não é tão simples, pois, na nossa cultura, por muito tempo, predominaram análises que consideravam apenas os aspectos gramaticais, ou seja, usavam o texto como um campo de exploração de exemplos de aplicação das regras gramaticais.

Em momento algum, no entanto, desconsideramos o importante papel da gramática; apenas trouxemos para discussão outros elementos. Para isso, apresentamos os conceitos de *análise de texto* (ou *análise linguística*) de pesquisadores renomados nesse campo de conhecimento.

Na sequência, problematizamos a análise de texto no ambiente da escola, sobretudo como os documentos oficiais norteadores tratam a questão. Por fim, apresentamos, como opções de consulta, tomadas de diferentes fontes, listas de elementos que podem ser considerados em uma análise de texto.

Atividades de autoavaliação

1. Classifique as afirmativas a seguir como verdadeiras (V) ou falsas (F).

( ) O aspecto global do texto deve ser o centro de toda e qualquer análise textual.

( ) Realizamos análise de textos intuitivamente nas mais variadas situações cotidianas.

( ) Estabelecer limites e fronteiras para a análise de texto é procedimento simples; basta elencar algumas categorias de análise e aplicá-las.

( ) Os limites e as fronteiras das análises de textos são construídos no próprio processo de interação.

Agora, assinale a alternativa que corresponde à sequência correta:

a. V, V, V, V.
b. V, V, F, V.
c. F, V, V, F.
d. F, V, F, V.
e. V, V, F, F.

2. Assinale a afirmativa correta:

a. Os recursos disponibilizados pela gramática não têm função alguma para a análise de textos.

b. Os sentidos do texto são, prioritariamente, alcançados por meio dos estudos das partes do textos.

c. Segmentar os textos em unidades menores e analisá-las isoladamente é a melhor fórmula para compreender o sentido global do texto.

d. A análise de texto é fundamentada em uma concepção de língua como sistema, estrutura inflexível e invariável.

e. Segmentar os textos em unidades menores e analisá-las isoladamente, como nas consultas descontextualizadas à gramática, pouco ajuda para a compreensão do sentido global do texto.

3. Qual é o principal objetivo de uma análise de texto na perspectiva da linguística textual?

a. Descrever os aspectos que coletivamente compõem o texto.
b. Compreender o sentido global do texto.
c. Analisar o sentido do texto com base nos elementos contextuais.
d. Considerar exclusivamente os recursos gramaticais empregados para a produção dos sentidos.
e. Descrever os aspectos que isoladamente compõem o texto.

4. Analise as afirmativas a seguir sobre o universo escolar.

I. Apesar de todos os avanços alcançados pelos estudos da língua, a sala de aula ainda é um espaço em que os estudos exclusivamente gramaticais normativos atuam predominantemente.

II. Em 1997, os Parâmetros Curriculares Nacionais (PCN) ainda não consideravam o texto como o centro do processo de ensino e aprendizagem.

III. Em 2006, as Orientações Curriculares Nacionais para o Ensino Médio (OCN-EM) apontaram várias dimensões do texto como sugestão para o trabalho pedagógico nos ambientes de ensino e aprendizagem de língua portuguesa.

IV. Ao enumerar uma gama de possibilidades que o professor pode realizar no trato com a língua portuguesa em sala de aula, as Diretrizes Curriculares da Educação Básica (DCE) do Estado do Paraná – Língua Portuguesa, de 2008, explicitam os seus princípios teóricos, isto é, evidenciam que a análise linguística deve ser uma prática que objetive alcançar o significado global do texto.

Agora, assinale a alternativa que apresenta somente os itens verdadeiros:

a. II, III e IV.
b. I, II e III.
c. I, III e IV.
d. I, II, III e IV.
e. I e II.

5. Quais elementos devem ser considerados em uma análise de texto na perspectiva da linguística textual?
a. Todo e qualquer elemento, de qualquer natureza, que contribua para compreensão global do texto como um componente da interação humana.
b. Os interlocutores e os elementos contextuais, haja vista que o texto só funciona em dada situação comunicativa.
c. Os modos de processamento do conhecimento no cérebro, isto é, os conhecimentos enciclopédicos e de mundo.
d. Apenas os elementos gramaticais.
e. Os elementos sintáticos e semânticos, pois são eles que asseguram os sentidos.

Atividades de aprendizagem

Questões para reflexão

1. Apesar de todos os avanços alcançados pelos estudos da língua, é bastante comum que, em sala de aula, ainda predominem estudos exclusivamente gramaticais acerca do texto. Como isso pode ser prejudicial, no longo prazo, para o desenvolvimento da compreensão textual e da interlocução dos estudantes?

2. Em uma perspectiva de aprendizado e, ao mesmo tempo, de vivência social, quais são os benefícios de os alunos em idade escolar estudarem o texto por meio de uma análise do sentido global?

Atividades aplicadas: prática

1. Selecione um gênero de texto e, segundo os conhecimentos adquiridos neste capítulo, sobretudo as indicações de elementos de análise, produza um texto refletindo sobre o que não seria uma análise de texto. Pontue quais aspectos deveriam ser abordados na análise. Lembre-se de relacionar o gênero escolhido com suas considerações.

2. Leia atentamente o trecho a seguir e relacione-o com o conteúdo apresentado neste capítulo. Depois, produza um pequeno texto que explique como a análise de texto pode e deve ser explorada nos ambientes de ensino de língua.

A análise linguística a se praticar em sala de aula não é simples correção gramatical de textos face a um modelo de variedade e de suas convenções: mais do que isso, ela permite aos sujeitos retomar sua intuições sobre a linguagem, aumentá-las, torná-las conscientes e mesmo produzir, a partir delas, conhecimentos sobre a linguagem que o aluno usa e que outros usam.
(Geraldi, 1997, p. 217)

considerações finais

❡ NESTA OBRA, apresentamos uma visão panorâmica da linguística textual. Para isso, priorizamos, por um lado, os aspectos históricos ao descrever o percurso pelo qual passou a disciplina, e, por outro, enfatizamos a construção dos principais conceitos e os desdobramentos surgidos nas pesquisas e experiências com a linguagem ao longo do tempo.

Julgamos, portanto, que esta obra tem um caráter prioritariamente introdutório e, por isso, destina-se principalmente a pesquisadores iniciantes, que necessitam de uma orientação mais abrangente para, a partir daí, buscar particularidades e aprofundamentos que poderão contribuir para suas pesquisas. Destina-se também aos estudantes da área de linguagem que, por falta de intimidade, encontram dificuldade para selecionar informações relevantes à sua formação e aos profissionais que, direta ou indiretamente, trabalham com o ensino de língua e necessitam da teoria exemplificada em aplicações práticas.

Neste último momento, nas considerações finais, externamos nossa convicção de que, ao apresentarmos os ciclos da Linguística Textual, demonstramos a perspectiva de construção evolutiva da disciplina. Esperamos que você tenha percebido, apesar de não haver uma fórmula matemática estável e constante, que há princípios norteadores, métodos de pesquisa e análise etc., tudo isso validado ao longo do processo progressivo da disciplina.

Ressaltamos que houve um grande esforço, inclusive para angariar exemplos práticos, a fim de que ficasse claro que o conceito de *texto* é determinante para qualquer direcionamento de pesquisa e de ensino. Concluímos – sobretudo hoje – que considerar apenas a organização interna de uma frase não é suficiente para compreender o sentido dela ou em que circunstância poderia ser utilizada. A relação entre as frases, muitas vezes, não está alicerçada na materialidade do texto, portanto, só faria sentido em determinado contexto. Então, se o objetivo é compreender o sentido do texto, é necessário observá-lo em funcionamento nas práticas cotidianas.

Buscamos, ainda, evidenciar que os sentidos são construções coletivas materializadas nos textos. O sentido não está pronto, esperando por um leitor eficiente que o descubra; ao contrário, ele só ganha existência e concretude em dada configuração comunicativa. Por exemplo, uma piada só tem efeito de piada se a situação permitir que ela seja contada, se um dos interlocutores tiver condições de contar e se o outro tiver condições de interpretar.

Temos a plena convicção de que os apontamentos teóricos, tanto aqueles retirados da literatura especializada quanto aqueles coletados nos documentos oficiais norteadores do ensino, sobre os limites e as fronteiras de uma análise de texto na perspectiva da linguística textual colaborarão significativamente para que você possa escolher, com segurança, os elementos de que se servirá para propor sua análise de acordo com suas necessidades: pesquisa ou ensino.

Por fim, desejamos que esta obra, além de fonte de pesquisa, seja um incentivo para outras leituras em linguística textual.

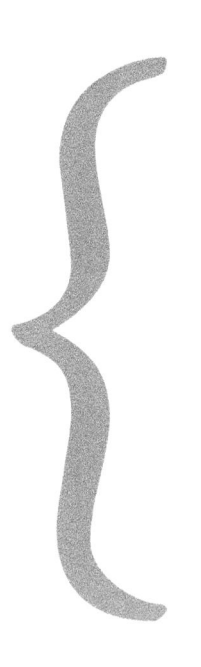

{

referências

ANTUNES, I. **Análise de textos:** fundamentos e práticas. São Paulo: Parábola, 2010.

_____. **Muito além da gramática:** por um ensino de línguas sem pedras no caminho. São Paulo: Parábola, 2007.

ASSIS, J. M. M. **Memórias póstumas de Brás Cubas**. 1881. Disponível em: <http://www.dominiopublico.gov.br/download/texto/bv000215.pdf>. Acesso em: 14 jun. 2019.

AUSTIN, J. L. **How to do Things with Words**. New York: Oxford University Press, 1965.

BAKHTIN, M. **Estética da criação verbal**. Tradução de Paulo Bezerra. 6. ed. São Paulo: Martins Fontes, 2011.

BEAUGRANDE, R.-A. de; DRESLER, W. U. **Introduction to Text Linguistics**. London: Longman, 1981.

_____. _____. 2. ed. London: Longman, 1983.

BELLERT, I. On a Condition of the Coherence of Texts. **Semiotic**, v. 2, n. 4, p. 335-363, 1970.

BENTES, A. C. Linguística textual. In: MUSSALIN, F.; BENTES, A. C. (Org.). **Introdução à linguística**: domínios e fronteiras. 6. ed. São Paulo: Cortez, 2006. p. 245-285. v. 1.

BÍBLIA (Novo Testamento). Lucas. Português. **Bíblia Online**. Tradução de Almeida, corrigida e revisada, fiel ao texto original. cap. 22, vers. 42. Disponível em: <https://www.bibliaonline.com.br/nvi/lc/22>. Acesso em: 6 jul. 2019.

BRASIL. Ministério da Educação. Secretaria de Educação Básica. **Orientações Curriculares Nacionais para o ensino médio**: linguagens, códigos e suas tecnologias. Brasília, 2006. v. 1. Disponível em: <http://portal.mec.gov.br/seb/arquivos/pdf/book_volume_01_internet.pdf>. Acesso em: 5 jul. 2019.

BRASIL. Ministério da Educação. Secretaria de Educação Fundamental. **Parâmetros Curriculares Nacionais**: língua portuguesa. Brasília, 1997. Disponível em: <http://portal.mec.gov.br/seb/arquivos/pdf/livro02.pdf>. Acesso em: 5 jul. 2019.

BUARQUE, C.; GIL, G. **Cálice**. Chico Buarque e Gilberto Gil. São Paulo: Polygram/Philips, 1978.

CHAROLLES, M. Coherence as a Principle in the Regulation of Discursive Production. In: HEYDRICH, W. et al. (Ed.). **Connexity and Coherence**: Analysis of Text and Discourse. Berlin: De Gruyter, 1989. p. 3-15.

_____. Coherence as a Principle in the Interpretability of Discourse. **Text**, v. 3, n. 1, p. 71-98, 1983.

_____. Introdução aos problemas da coerência dos textos. In: COSTE, D. et al. (Org.). **O texto**: leitura e escrita. 3. ed. Campinas: Pontes, 2002. p. 39-90.

CHOMSKY, N. **Aspects of the Theory of Syntax**. Cambridge: M.I.T. Press, 1965.

CONTE, M. E. (Ed.). **La linguistica testuale**. Milão: Feltrinelli Economica, 1971.

COSÉRIU, E. Determinación y entorno: dos problemas de una lingüística del hablar. **Romanistisches Jahrbuch**, n. 7, p. 29-54, 1955.

COSTA, M. A. Estruturalismo. In: MARTELOTTA, M. E. (Org.). **Manual de linguística**. São Paulo: Contexto, 2008. p. 113-126.

DEREVECKI, R. Saiba como usar WhatsApp para trazer mais segurança ao seu bairro. **Gazeta do Povo**, 29 ago. 2017. Disponível em: <https://www.gazetadopovo.com.br/curitiba/saiba-como-usar-o-whatsapp-para-trazer-mais-seguranca-ao-seu-bairro-1u5l95on1gloph1u7z2rez6h3>. Acesso em: 6 jun. 2019.

DOLZ, J.; SCHNEUWLY, B. **Gêneros orais e escritos na escola**. Tradução de Roxane Rojo e Glaís Sales Cordeiro. São Paulo: Mercado de Letras, 2004.

FÁVERO, L. L. A informatividade como elemento de textualidade. **Letras de Hoje**, Porto Alegre, v. 18, n. 2, p. 13-20, jun. 1985. Disponível em: <http://revistaseletronicas.pucrs.br/ojs/index.php/fale/article/view/17487/11220>. Acesso em: 3 jul. 2019.

_____. **Coesão e coerência textuais**. 9. ed. São Paulo: Ática, 2002.

FÁVERO, L. L.; KOCH, I. G. V. **Linguística textual**: introdução. São Paulo, Cortez, 1983.

_____. _____. 9. ed. São Paulo: Cortez, 2008.

GALEMBECK, P. de T. A linguística textual e seus mais recentes avanços. In: **Cadernos do IX Congresso Nacional de Linguística e Filologia**, Rio de Janeiro, v. IX, n. 5, p. 68-76, 2005. Disponível em: <https://www.filologia.org.br/>. Acesso em: 3 jul. 2019.

GERALDI, J. W. Concepções de linguagem e ensino de Português. In: GERALDI, J. W. (Org.). **O texto na sala de aula**: leitura e produção. 2. ed. Cascavel: Assoeste, 1984. p. 41-49.

_____. **Portos de passagem**. 4. ed. São Paulo: Martins Fontes, 1997.

HALLIDAY, M. A. K.; HASAN, R. **Cohesion in English**. London: Longman, 1976.

HARTMANN, P. Zum Begriff des sprachlichen Zeichens. **Zeitschrift für Fhonetik, Sprachwissenschaft und Kommunikationsforschung**, v. 21, i. 1-6, p. 205-222, 1968.

HARWEG, R. **Pronomina und Textkonstituition**. Munique: Fink, 1968.

HEINEMANN, W.; VIEHWEGER, D. **Textlinguistik**: Eine Einführung. Tübingen: Niemeyer, 1991.

IAH – INSTITUTO ANTÔNIO HOUAISS. **Houaiss corporativo**: grande dicionário. Extensão para Google Chrome. Disponível em: <https://houaiss.uol.com.br/corporativo/index.php>. Acesso em: 21 ago. 2019.

ISENBERG, H. **Der Begrif "Text" in der Sprachtheorie**. Berlin: Deutsche Akademic der Wissenschaften zu Berlin, 1970. (ASG-Bericht, v. 8).

_____. Einige Grundbegriffe für eine Linguistiche Texttheorie. In: DANES, F.; VIEHWEGER, D. **Probleme der Textgrammatik**. Berlin: Akademie-Verlag, 1976. p. 47-145.

_____. Uberlegungen zur Textheorie. In: IHWE, J. **Literaturwissenschaft und Linguistik I**. Frankfurt: Athenäum, 1971. p. 155-172.

JESUS, K. W. C. de. **Resumo escolar**: entre a (in)definição e os limites da prática escolar. 168 f. Dissertação (Mestrado em Estudos Linguísticos) – Universidade Federal do Paraná, Curitiba, 2014. Disponível em: <https://acervodigital.ufpr.br/bitstream/handle/1884/37279/R%20-%20D%20-%20KLABYR%20WANDERSON%20CRISTOVAO%20DE%20JESUS.pdf?sequence=3&isAllowed=y>. Acesso em: 5 jul. 2019.

KOCH, I. G. V. A possibilidade de intercâmbio entre linguística textual e o ensino de língua materna. **Veredas: Revista de Estudos Linguísticos**, Juiz de Fora, v. 5, n. 2, p. 85-94, jul./dez. 2003. Disponível em: <https://periodicos.ufjf.br/index.php/veredas/article/view/25309>. Acesso em: 3 jul. 2019.

_____. **Argumentação e linguagem**. São Paulo: Cortez, 1984.

_____. **Introdução à linguística textual**: trajetória e grandes temas. 2. ed. São Paulo: Contexto, 2015.

_____. Linguística textual: retrospecto e perspectivas. **Alfa**, São Paulo, n. 41, p. 67-78, 1997. Disponível em: <https://periodicos.fclar.unesp.br/alfa/article/view/4012/3682>. Acesso em: 3 jul. 2019.

_____. O desenvolvimento da linguística textual no Brasil. **Delta**, São Paulo, v. 15. p. 165-180, 1999. Disponível em: <http://www.scielo.br/pdf/delta/v15nspe/4015.pdf>. Acesso em: 3 jul. 2019.

_____. **O texto e a construção dos sentidos**. 10. ed. São Paulo: Contexto, 2014.

KOCH, I. G. V.; ELIAS, V. M. **Ler e compreender os sentidos do texto**. 3. ed. São Paulo: Contexto, 2010.

KOCH, I. G. V.; TRAVAGLIA, L. C. **A coerência textual**. São Paulo: Contexto, 1991.

_____. **Texto e coerência**. 5. ed. São Paulo: Cortez, 1997.

LANG, E. Quand une "grammaire de texte" est-elle plus adéquate qu'une "grammaire de phrase? **Langages**, n. 26, v. 7, p. 75-80, 1972.

_____. Uber Einige Schwierigkeiten beim Postulieren einer "Textgrammatik". In: CONTE, M. E. (Ed.). **La linguistica testuale**. Milão: Feltrinelli Economica, 1971. p. 86-120.

MAINGUENEAU, D. **Análise de textos de comunicação**. Tradução de Cecília P. de Souza-e-Silva e Décio Rocha. São Paulo: Cortez, 2001.

MARCUSCHI, L. A. Aspectos linguísticos, sociais e cognitivos na produção de sentido. **Revista do GELNE**, v. 1, n. 1, p. 7-15, 1999. Disponível em: <https://periodicos.ufrn.br/gelne/article/view/9272/6626>. Acesso em: 20 jun. 2019.

_____. Gêneros textuais: definição e funcionalidade. In: DIONISIO, A. P.; MACHADO, A. R.; BEZERRA, M. A. (Org.). **Gêneros textuais e ensino**. 5. ed. Rio de Janeiro: Lucerna, 2007. p. 19-36.

_____. **Linguística de texto**: o que é e como se faz. Recife: Universidade Federal de Pernambuco, 1983. (Série Debates I).

_____. **Produção textual, análise de gêneros e compreensão**. São Paulo: Parábola, 2008.

MENDONÇA, M. Análise linguística no ensino médio: um novo olhar, um outro objeto. In: BUNZEN, C.; MENDONÇA, M. (Org.). **Português no ensino médio e formação do professor**. São Paulo: Parábola, 2006. p. 199-226.

NEIS, I. A. Por uma gramática textual. **Letras de Hoje**, n. 44, p. 35-52, 1981.

PARANÁ. Secretaria de Estado da Educação. Departamento de Educação Básica. **Diretrizes Curriculares da Educação Básica**: língua portuguesa. Curitiba, 2008. Disponível em: <http://www.educadores.diaadia.pr.gov.br/arquivos/File/diretrizes/dce_port.pdf>. Acesso em: 5 jul. 2019.

PINTO, J. U. P. Pragmática. In: MUSSALIN, F.; BENTES, A. C. (Org.). **Introdução à linguística**: domínios e fronteiras. 3. ed. São Paulo: Cortez, 2003. p. 47-68. v. 2.

RUSCHEL, R. Diva Guimarães: das provações às milhões de curtidas. **Vermelho**, 23 ago. 2017. Disponível em: <http://www.vermelho.org.br/noticia/301068-1>. Acesso em: 20 jun. 2019.

SANTOS, V. S. dos. Composição química da água. **Mundo Educação.** Disponível em: <http://mundoeducacao.bol.uol.com.br/biologia/compo sicao-agua.htm>. Acesso em: 6 jun. 2019.

SAUSSURE, F. de. **Curso de linguística geral.** Tradução de Antônio Chelini, José Paulo Paes e Izidoro Blikstein. São Paulo: Cultrix, 1975.

_____. _____. 27. ed. São Paulo: Cultrix, 2006.

SAYÃO, R. Escolas surdas. **Folha de S.Paulo,** 18 set. 2012. Disponível em: <https://www1.folha.uol.com.br/colunas/roselysayao/1154972-escolas-surdas.shtml?loggedpaywall#_=_>. Acesso em: 14 jun. 2019.

SCHMIDT, S. J. **Linguística e teoria do texto.** São Paulo: Pioneira, 1978.

SEARLE, J. R. **Expression and Meaning:** Studies in the Theory of Speech Acts. Cambridge: Cambridge University Press, 1979.

VAL, M. da G. C. **Redação e textualidade.** 2. ed. São Paulo: M. Fontes, 1999.

VAN DIJK, T. A. **Macrostructures:** An interdisciplinary Study of Global Structures in Discourse, Interaction, and Cognition. Hillsdale: L. Erlbaum Associates, 1980.

_____. **Some Aspects of Text Grammars.** The Hague: Mouton, 1972.

WACHOWICZ, T. C. **Análise linguística nos gêneros textuais.** Curitiba: Ibpex, 2010.

WEINRICH, H. **Linguistik der Lüge.** Heldelberg: Lambert Schneider, 1966.

_____. **Sprache in Texten.** Stuttgart: Klett, 1976.

_____. **Tempus:** Besprochene und Erzählte Welt. Stuttgart: W. Kohlhammer, 1964.

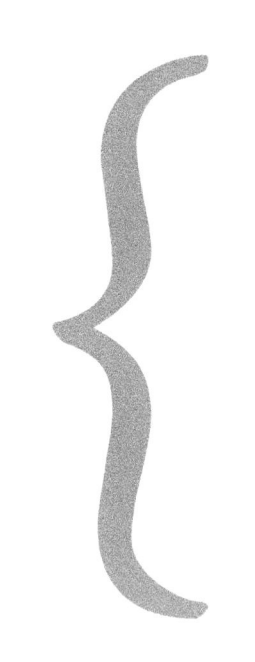

{

bibliografia comentada

A SEGUIR, apresentamos algumas indicações bibliográficas fundamentais para todos aqueles que querem aprofundar um pouco mais suas reflexões sobre a linguística textual.

BENTES, A. C. Linguística textual. In: MUSSALIN, F.; BENTES, A. C. (Org.). **Introdução à linguística:** domínios e fronteiras. 6. ed. São Paulo: Cortez, 2006. p. 245-285. v. 1.

Nesse trecho da obra de Mussalin e Bentes, é apresentada uma visão geral da trajetória da linguística textual. Apesar do caráter introdutório, a pesquisadora contempla satisfatoriamente o percurso histórico da disciplina ao abordar as principais influências teóricas. Os conceitos de texto, de coesão e de coerência são explorados com base em textos reais, por exemplo, em letras de música. Vale muito a pena ler!

FÁVERO, L. L.; KOCH, I. G. V. **Linguística textual:** introdução. 9. ed. São Paulo: Cortez, 2008.

As pesquisadoras, no primeiro capítulo da obra, apresentam os principais momentos da linguística textual. No segundo capítulo, indicam três linhas de pensamento como precursoras da linguística textual: a retórica, a estilística e o formalismo russo. É relevante a leitura da obra, sobretudo, pela exploração dos trabalhos dos principais pesquisadores europeus em linguística textual.

KOCH, I. G. V. Linguística textual: retrospecto e perspectivas. **Alfa**, São Paulo, n. 41, p. 67-78, 1997. Disponível em: <https://periodicos.fclar.unesp.br/alfa/article/view/4012/3682>. Acesso em: 3 jul. 2019.

Nesse texto, Koch apresenta uma retrospectiva crítica da linguística textual ao explorar os principais momentos da disciplina e as contribuições de alguns pesquisadores, finalizando com as possíveis perspectivas para o futuro da linguística textual.

VAL, M. da G. C. **Redação e textualidade.** 2. ed. São Paulo: M. Fontes, 1999.

Nessa obra, a pesquisadora analisa textos extraídos de concursos de vestibular com base nos fatores de textualidade propostos por Beaugrande e Dressler. A leitura desse livro possibilita observar na prática, com textos reais, os modos como tais fatores funcionam na produção e na recepção de sentidos.

respostas

um
Atividades de autoavaliação
1. b
2. d
3. e
4. c
5. a

dois
Atividades de autoavaliação
1. c
2. a
3. b
4. e
5. e

três
Atividades de autoavaliação
1. a
2. e
3. b
4. e
5. c

quatro

Atividades de autoavaliação

1. d
2. c
3. b
4. e
5. b

cinco

Atividades de autoavaliação

1. e
2. b
3. d
4. a
5. e

seis

Atividades de autoavaliação

1. b
2. e
3. b
4. c
5. a

sobre o autor

☾ KLABYR WANDERSON CRISTOVÃO DE JESUS formou-se em Letras (2001) pela Fundação Faculdade de Filosofia, Ciências e Letras de Mandaguari (Fafiman). Fez especialização em Língua Portuguesa e Literatura (2002) na Faculdade Estadual de Educação, Ciências e Letras de Paranavaí (Fafipa), quando, na ocasião, apresentou o estudo *Análise e julgamento do texto argumentativo escolar*. Na Universidade Federal do Paraná (UFPR), de 2012 a 2014, desenvolveu a pesquisa *Resumo escolar: entre a (in) definição e os limites da prática escolar*, para obtenção do título de mestre. Ao longo de sua carreira, dedicou especial atenção à docência nos níveis fundamental, médio e superior. Lecionou a disciplina de Leitura e Produção de Textos nos cursos de Direito, Administração e Pedagogia do Centro Universitário UniBrasil. Foi professor de Língua Portuguesa na rede estadual de educação do Estado do Paraná. Faleceu em 20 de julho de 2018.

Os papéis utilizados neste livro, certificados por instituições ambientais competentes, são recicláveis, provenientes de fontes renováveis e, portanto, um meio responsável e natural de informação e conhecimento.

FSC
www.fsc.org
MISTO
Papel produzido a partir de fontes responsáveis
FSC® C103535

Impressão: Reproset
Abril/2021